Par l'auteur du best-seller
Napoléon Joue de la Cornemuse dans un Bus

Boostez Votre Mémoire

Mémorisez l'impossible en vous amusant

Jean-Yves Ponce

SOMMAIRE

INTRODUCTION _____ 11

1-1 Quelques mots de l'auteur _____ 13
1-2 Votre mémoire en danger ! le XXIe siècle et ses répercussions
    sur votre cerveau et votre vie _____ 17

COMMENT FONCTIONNE VRAIMENT VOTRE MÉMOIRE _____ 25

2-1 Les erreurs du quotidien et les idées reçues sur votre mémoire
    qui vous empêchent de réussir _____ 28
2-2 Les faits surprenants à propos de votre mémoire _____ 33
2-3 Les 4 étapes d'une mémorisation indestructible _____ 40

1ÈRE PARTIE : LE NOBLE ART DE LA MÉMOIRE : LES BASES POUR MÉMORISER EFFICACEMENT

CE QUE VOUS DEVEZ SAVOIR AVANT DE COMMENCER _____ 49

3-1 L'état d'esprit à adopter pour avoir une excellente mémoire ___ 53
3-2 Comment devenir la personne la plus concentrée sur terre ____ 55
3-3 Comment ne jamais oublier _____ 60

LES TECHNIQUES DE MÉMORISATION QUI CHANGERONT VOTRE VIE __ 67

4-1 Pourquoi vous devez utiliser des techniques de mémorisation __ 70
4-2 Les techniques de base pour mémoriser au quotidien _____ 72
4-3 La technique des associations mentales et des associations
    en chaîne _____ 74

4-4 Le voyage, la plus puissante des techniques de mémorisation _____ 81
4-5 Cinquante idées de voyages pour stocker vos informations _____ 90
4-6 Le palais de mémoire _____ 96
4-7 Comment mémoriser les chiffres _____ 101
4-8 Le Dominic System : votre propre système de mémorisation valable à vie _____ 107
4-9 Exemple de Dominic system que vous pouvez utiliser _____ 116
4-10 Mémoriser les chiffres à l'infini _____ 125

2ᴱ PARTIE : APPRENDRE ET MÉMORISER SES COURS SANS SOUFFRANCE

COMMENT APPRENDRE MIEUX, PLUS RAPIDEMENT, ET SANS SOUFFRIR _____ 133

5-1 Le secret et la technique pour apprendre sans se fatiguer _____ 135
5-2 Quel est votre profil d'apprentissage ? _____ 138
5-3 L'importance du sommeil pour votre mémoire _____ 142
5-4 L'importance de l'exercice physique pour votre mémoire _____ 146
5-5 Comment résister à un raz-de-marée d'informations _____ 148
5-6 Comment discerner ce qui est important de ce qui est accessoire _____ 151
5-7 Comment augmenter votre vitesse de lecture et mieux mémoriser _____ 157
5-8 Les cartes mentales pour apprendre plus rapidement _____ 162

COMMENT MÉMORISER DES COURS _____ 167

6-1 Comment mémoriser l'histoire et les dates facilement _____ 170
6-2 Etre incollable en géographie _____ 177
6-3 Comment apprendre une langue rapidement _____ 183
6-4 Mémoriser les formules de maths _____ 190

6-5	L'anatomie sans peine	195
6-6	La chimie organique facile	201
6-7	Mémoriser La poésie et les textes de théâtre rapidement	206
6-8	Un code de droit dans la tête	212
6-9	Les autres cours	216

3ᴇ PARTIE : COMMENT AVOIR UNE BONNE MÉMOIRE AU QUOTIDIEN

LES TECHNIQUES QUI VOUS FACILITERONT LA VIE QUOTIDIENNE — 221

7-1	Se rappeler des noms et des visages	224
7-2	Avoir tout son agenda dans la tête, mieux qu'un smartphone	230
7-3	Comment apprendre la guitare avec l'art de la mémoire	236
7-4	Où étais-je garé ? Quel est le numéro de ma place déjà ?	240
7-5	Avoir son répertoire téléphonique dans la tête	243
7-6	Retenir les conversations et mémoriser les présentations/discours	247
7-7	Mémoriser l'intégralité des films et des livres	252
7-8	Mémoriser les horaires des transports en commun sans avoir besoin d'internet	256
7-9	Entretenez votre mémoire au quotidien : Programme d'entraînement	260

4ᴇ PARTIE : EPATEZ LE MONDE AVEC VOTRE MÉMOIRE

DÉFIEZ VOTRE MÉMOIRE — 267

8-1	Pourquoi vous devez défier votre mémoire	270
8-2	Mémoriser un jeu de 52 cartes mélangées	272

8-3 Mémoriser les nombres binaires	277
8-4 Mémoriser 1000 décimales de PI	280
8-5 Mémoriser les calendriers : retrouver le jour à partir de n'importe quelle date	282
8-6 Mémoriser tous les drapeaux du monde	288
8-7 Comment être invincible au trivial Pursuit	291
8-8 Mémoire et jeux télévisés	294

ÉPILOGUE

Le monde vous attend	299
Remerciements	302
Références	304
À découvrir également	306

À toutes celles et à tous ceux
qui ont une mémoire de poisson rouge,
et qui ont envie que ca change.

INTRODUCTION

CHAPITRE 1

« L'homme de l'avenir
est celui qui aura
la mémoire
la plus longue »

Friedrich
Nietzsche

QUELQUES MOTS DE L'AUTEUR

LA MÉMOIRE « EXTRAORDINAIRE »

« Je ne sais même pas comment c'est possible ! Est-ce que vous pouvez nous expliquer comment vous faites Jean-Yves ? »

Christophe Dechavanne attend que je lui dise comment on fait pour mémoriser des empreintes digitales, alors qu'elles se ressemblent toutes. Je lui dis que j'associe chaque empreinte à quelque chose qui a du sens pour moi. Pas le temps pour plus d'explications. Je suis le dernier candidat d'une émission de TF1 dans laquelle des français aux capacités extraordinaires relèvent des défis.

Il parait que j'ai une mémoire « extraordinaire », comme le titre de l'émission le suggère. L'animateur essaie de me défier une dernière fois. Il sélectionne cette fois une jeune femme dans le public. Elle s'appelle Lydie. Je dois retrouver son empreinte parmi les cinquante du mur. Après une hésitation, je finis par retrouver l'empreinte de Lydie. Sans erreur. Le public exulte. Je respire. Je vais pouvoir rentrer chez moi.

Lorsque vous avez tout stocké dans votre mémoire grâce à des techniques, même ce type de défi est réalisable. Vous n'aurez pas d'empreintes à mémoriser, du moins je ne pense pas, mais vous aurez des cours, des informations, des fiches techniques, ou bien des discours à mémoriser, et vous aurez besoin de techniques spécifiques pour y arriver. Ces techniques vous allez les découvrir, mais avant cela, j'aimerai vous partager un peu mon histoire.

MA MÉMOIRE « ULTRA-ORDINAIRE »

« Toute ta vie tu iras à l'école ».

Mon père aimait bien me répliquer cela chaque fois qu'il m'entendait me plaindre au sujet de l'école. Je n'aimais pas les cours. J'avais énormément de mal à apprendre et retenir les choses. Le « par cœur » était une véritable torture, et en plus ne fonctionnait pas vraiment avec moi. J'oubliais quand même ce que je répétais sans arrêt. Ma mémoire avait souvent pris l'habitude de me lâcher au pire moment, pendant les examens, à tel point que les portes des carrières qui m'auraient plu se sont refermées les unes après les autres. Je ne serai pas médecin, pas astronaute, pas pâtissier aux Etats-Unis.

Tant pis. J'avais une mauvaise mémoire de toute façon.

Je terminais péniblement mes études avec un BTS de bureautique, largement poussé par ma mère qui ne voulait pas que je lâche juste après le BAC. Je l'ai eu de justesse, et j'ai fini par trouver un emploi en bibliothèque à Saint-Etienne, ma ville natale.

Je n'ai pas eu le temps de dire à mon père qu'il avait tort. Que l'école c'était fini et que j'étais débarrassé. Il est mort deux ans après.

La vie reprenait son cours, et année après année, tous les cours que j'avais appris à l'école s'effacèrent de ma mémoire. Mon métier changeait et j'étais incapable de mémoriser la moindre procédure, les moindres détails... j'oubliais tout. De la moindre tâche à faire absolument, aux clés de voiture, en passant par les noms et les visages des gens avec qui j'aurai pu me faire ami et qui auraient peut-être crée des opportunités...

Un jour, en rentrant du travail, je passais un peu de temps sur Youtube. Par hasard, je me suis retrouvé à visionner un documentaire de la BBC sur Andy Bell, un ancien champion du monde de mémoire. Il expliquait comment il parvenait à mémoriser des centaines de jeux de carte sans jamais se tromper. Il concluait en disant que c'était tout à fait accessible et que n'importe qui pouvait le faire. Il créait des histoires mentales absurdes dans sa tête. Très intrigué, je décidais de tester sa technique. À ma grande surprise, je fus capable de mémoriser un jeu de cartes entier.

C'est alors que je me suis mis à imaginer ce qu'il serait possible de faire si à la place des jeux de cartes était des cours, des métiers, des informations impossibles à mémoriser. Est-ce qu'il existerait des techniques pour apprendre plus vite ?

Depuis ce jour, j'ai voué une véritable passion et détermination à rendre l'apprentissage de n'importe quel type d'information plus facile. En 2011, j'ai créé www.potiondevie.fr qui est devenu depuis un blog référence dans le domaine de la mémoire. Ma communauté, les « alchimistes » m'a encouragé à écrire un livre recensant les meilleures techniques pour mémoriser. Ainsi est né en 2012 « Napoléon joue de la cornemuse dans un bus », mon premier best-seller, entièrement auto édité, et vendu à plus de dix mille exemplaires.

Depuis, plusieurs années sont passées et la mémoire devient une arme décisive pour ceux qui savent la maîtriser. Aujourd'hui, vous devez apprendre, mais également vous actualiser et vous adapter. Quel que soit votre métier, vos études et vos projets, vous devrez toujours apprendre.

D'une certaine façon « vous irez à l'école toute votre vie » !

VOTRE MÉMOIRE DE GÉNIE

Bienvenue dans le monde extraordinaire de la mémoire. Cette partie de votre cerveau en laquelle vous n'avez peut-être plus confiance, et qui est source de nombreux complexes. Peut-être avez-vous déjà entendu parler de la « mémoire de poisson rouge » ?

Avec cet ouvrage, vous allez découvrir comment mémoriser ce qui vous semble bien souvent impossible à retenir. Non seulement les techniques de ce livre vous faciliteront grandement la tâche, mais en plus, vous vous étonnerez de leur efficacité et de leur originalité. Leur côté ludique sera la cerise sur le gâteau.

Aujourd'hui je vous propose d'adapter le noble Art la Mémoire à votre vie quotidienne. Vous allez commencer par comprendre le fonctionnement de votre mémoire, puis vous mettrez le pied à l'étrier en utilisant les techniques de base. Rapidement, vous serez capable de mémoriser beaucoup plus d'informations qu'à l'accoutumée. Puis, vous découvrirez comment ne plus oublier et comment vaincre le syndrome du « trou de mémoire ».

Il se passera quelque chose de fort en vous. Vous réussirez à mémoriser des informations qui vous étaient impossibles à retenir jusqu'alors, et cela, ==sans apprentissage par cœur==. Vous vous sentirez en confiance. Vous aurez envie d'en savoir plus, d'en mémoriser plus, et plus rapidement. Vous déclencherez un cercle vertueux qui ne s'arrêtera jamais.

> Vous utiliserez alors les techniques un peu plus avancées du livre et vous commencerez à relever des défis personnels. Votre entourage sera épaté. Vos résultats scolaires seront en constante progression, et à la fin, vous réussirez. Vous serez alors devenu ce que l'on appelle communément un « génie » !

==Aucune étude, aucune carrière, aucun rêve n'est inaccessible à celui qui maîtrise l'Art de la mémoire.== Les questions auxquelles vous devrez répondre seront : qu'allez-vous réaliser avec votre nouveau pouvoir ? Comment allez-vous changer votre vie ? Comment allez-vous changer le monde ?

Prêt à devenir un génie ?

Votre voyage commence maintenant.

VOTRE MÉMOIRE EN DANGER ! LE XXᴱ SIÈCLE ET SES RÉPERCUSSIONS SUR VOTRE CERVEAU ET VOTRE VIE

Retenir des informations, des cours, des noms, des visages de collaborateurs, des points importants d'une réunion, des nouvelles procédures techniques, des nouveaux logiciels, applications, des codes toujours plus compliqués, des sommes de chiffres, des choses ordinaires, mais ultra-importantes comme les clés, l'ordonnance du médecin, les directions pour aller rejoindre l'enterrement de vie de garçon/fille de vos amis, les 9 étapes de la procédure pour bien faire votre travail...

La liste est interminable tant la mémoire tient une place prépondérante dans votre vie. Tant de choses à retenir, tant d'informations ! Le XXIᵉ siècle, c'est celui de la (sur)abondance de l'information, alors l'être humain a besoin de s'aider, de stocker des choses dans des mémoires dites « externes » que sont les disques durs, les applis de téléphone, et les logiciels qui pensent à leur place.

Tout ceci est bien pratique, car en une touche ou deux, vos problèmes de mémoire sont réglés.

Du moins, en apparence, et à court terme.

Car de plus en plus, de graves problèmes apparaissent.

RÉFLÉCHIR FAIT MAL

Tout comme un muscle, la mémoire qui n'est pas sollicitée s'atrophie. Elle devient fainéante. En conséquence première, vous n'êtes plus habitué à réfléchir en profondeur. Et pour cause, réfléchir commence à faire mal, au sens littéral. Les maux de tête apparaissent, comme les sensations d'être « largué », les difficultés à comprendre tout problème qui comporte plus de deux étapes et la culpabilité de ne pas savoir par où commencer...

VOUS PERDEZ EN CONFIANCE EN VOUS

Avant, votre mémoire était votre fierté. Mais ça c'était avant. En fait, il n'y a pas si longtemps que cela, mais depuis, quelque chose s'est passé. Votre mémoire a dérivé, elle est devenue un complexe personnel.

« Oh moi, j'ai une très mauvaise mémoire ! »

Je le sais, j'en faisais partie.

> Vous devenez officiellement « le distrait de la bande ». Félicitations. Rassurez-vous cependant, les autres de la bande ne valent probablement pas mieux et nourrissent les mêmes complexes quant à leur mémoire. On parie ?

DES CONSÉQUENCES POUR VOTRE VIE

Avez-vous déjà oublié quelque chose d'impossible à oublier ?

Oublier les dates d'anniversaire, ou bien l'endroit où vous avez rangé vos clés est une chose. Mais lorsqu'oublier a des conséquences néfastes sur votre vie, cela devient un problème que vous devez régler.

> Un jour, j'ai oublié l'un des trois dossiers professionnels que je devais présenter à mon épreuve finale d'examen. Le genre d'épreuves où le coefficient est tellement élevé que vous pouvez vous permettre d'arriver en parfait touriste durant les épreuves moins importantes.
>
> Il était impossible d'oublier un seul de mes trois dossiers. Chacun d'eux avait requis des semaines de travail acharné. Ils faisaient partie de moi. Ce jour-là cependant, ce n'était pas le cas. Je me souvenais parfaitement avoir consulté ma « boite mail », mais pas avoir pris ce dossier. Il était resté sur le canapé du salon.
>
> Par chance, l'épreuve a accusé un immense retard, ce qui m'a permis de rentrer chez moi et de récupérer mon dossier juste à temps. Pourrais-je toujours compter sur la chance ? Non.

Et vous non plus.

Plus loin dans votre lecture, vous découvrirez pourquoi votre hygiène de l'esprit est directement reliée à votre santé.

UNE MAUVAISE MÉMOIRE VOUS COÛTE DU TEMPS ET DE L'ARGENT

Imaginez. Vous revenez de vacances. Vous êtes un peu déprimé, vous avez des souvenirs plein la tête, vous rentrez chez vous, dans votre nouvel appartement, et lundi, il faudra reprendre le travail. Vous êtes soudain saisi d'un frisson.

Vous avez oublié vos clés en vacances, à 600km de là. Personne ne peut vous aider. Vos doubles de clés sont chez tante Luce, partie en croisière, et vous n'avez pas le temps de refaire les 600km. De toute façon, votre voiture est dans le garage, fermé à clé. Clé reliée à votre trousseau habituel, pour ne pas la perdre.

Vous appelez le serrurier, qui vous dépanne 1h30 après, car en cette période de l'année, tout le monde oublie ses clés, et il y a beaucoup de gens comme vous à dépanner.

350 € plus tard, vous revoilà reparti avec un tout nouveau jeu de 5 clés. Ce simple oubli vous a coûté de l'argent et du temps que vous auriez utilisé à meilleur escient.

Autre exemple : vous travaillez bien. Vous êtes là depuis longtemps, vous êtes la gentillesse même et tout le monde vous aime dans votre entreprise. Le seul petit problème est qu'il vous arrive de temps à autre d'oublier des « trucs ».

Comme tout le monde.

Votre patron a besoin d'un nouveau bras droit mais il hésite : va-t-il prendre quelqu'un de fiable ou non à ce poste ? Roger, lui, n'oublie rien. Bien sûr il a moins la côte que vous, mais au moins, on peut compter sur lui pour des « trucs » importants. Quinze jours après, Roger fête sa promotion pendant que vous jouez aux fléchettes avec le portrait de votre « abruti de patron ».

Votre salaire n'évoluera pas dans votre entreprise. Vous oubliez tellement et vous faites tellement d'erreurs que l'on finit par vous oubliez, vous.

Pourtant vous avez raison : tout le monde oublie des trucs !

Pour vous en convaincre, il vous suffit d'avoir à faire à n'importe quel service après-vente, ou service d'envoi de colis rapide, agent immobilier, service technique... On oublie très souvent votre situation, l'objet de votre appel de vendredi dernier (alors qu'on est lundi). Vous vous énervez face à un monde qui fonctionne mal, qui vous traite comme un numéro et vous devez répéter à chaque fois votre situation.

Oui, vous avez raison.

> Depuis mon premier livre, *Napoléon joue de la cornemuse dans un bus*, en 2012, les problèmes de mémoire se sont ==généralisés== au monde qui nous entoure. Même les entreprises les plus sérieuses commettent des étourderies aux ==lourdes conséquences pour vous.==

LE SYSTÈME ÉDUCATIF EST DEVENU OBSOLÈTE

Depuis que Potiondevie.fr existe, soit depuis 2011, l'un des commentaires qui revient le plus souvent au sujet des techniques que vous allez expérimenter est :

« ==Cela devrait être enseigné à l'école== »

> Je l'entends, ou je le lis au minimum une fois par semaine. Aux mois de mai et septembre, c'est plutôt trois fois.

Le système scolaire tel que vous le connaissez en occident a été bâti sur des fondations solides à l'ère de la révolution industrielle, et plus précisément en 1866 à l'époque de Jules Ferry. L'ère Ferry a réformé profondément le système éducatif français pour répondre aux besoins scientifiques des métiers d'ouvriers et d'ingénieurs de l'époque.

> À quoi ressemble exactement ce système ? Très simple, imaginez la situation suivante :
>
>> Imaginez un instant que vous vous trouviez dans un immense buffet pour votre petit déjeuner. Absolument tout est disponible. Des tartines, des céréales, des gaufres, des pâtisseries, des pizzas, des sushis, de la paella, du bacon grillé... tout est disponible, et tout est à volonté. C'est le paradis !
>>
>> Maintenant, imaginez la même situation, sauf que maintenant, le chef du buffet arrive et vous dise :

« Tu dois tout manger. Pour chaque plat que tu laisses, tu dois être puni et payer l'addition. Et en plus, on se moquera de toi devant tes copains »

Le paradis se transforme en enfer n'est-ce pas ?

C'est pourtant **exactement** le mode de fonctionnement du système scolaire occidental.

Vous pouvez y apprendre absolument toutes les connaissances que vous voulez, mais l'on vous force chaque jour à ingurgiter de lourdes quantités en faisant fi de votre appétit. Pour chaque erreur, on vous retire des points sur votre note, et quand vous n'avez pas la moyenne, on vous dit que vous êtes nul.

Si vous avez naturellement de l'appétit pour la connaissance, vous pouvez survivre au jour le jour à la mode du « gavage d'oie », mais si ce n'est pas le cas, **ce mode d'apprentissage est la plus sûre façon de vous dégoûter des études.**

Depuis cette ère, il a été maintes fois réformé, mais son fonctionnement n'a jamais vraiment évolué. Vous apprenez par cœur bon nombre d'informations **afin d'établir un raisonnement scientifique.** À l'époque de la révolution industrielle, tout était nouveau, les connaissances étaient rares, et les enfants avaient naturellement un appétit dévorant de connaissances, et il fallait les former rapidement pour répondre aux exigences de cette époque.

En 2016, vous apprenez des informations par cœur toujours de la même façon. Les manuels scolaires sont mis à jour chaque année, certaines matières deviennent plus prioritaires que d'autres, mais le « moteur » de la machine Education Nationale n'évolue pas, ou peu, et **il n'est plus adapté pour répondre aux besoins du monde moderne.**

Vos examens, eux, ne changeront pas.

Ils resteront **des concours de mémoire,** que cela vous plaise ou non.

Vous devez en conséquence trouver des moyens d'améliorer votre mémoire **pour faire face au monde de l'information.** Vous devrez développer des compétences oubliées, mais qui sont (re)devenues essentielles comme la capacité de mémorisation bien sûr, mais également la concentration, l'esprit de synthèse et l'organisation.

==Votre réussite en dépend.==

ET SI VOUS RENDIEZ LE MONDE MEILLEUR GRÂCE À VOTRE MÉMOIRE?

La question est : voulez-vous vraiment être comme tout le monde et faire subir aux autres vos problèmes de mémoire?

Si vous êtes altruiste, vous pourrez enseigner aux autres comment entretenir sa mémoire, comment la rendre performante, viable, et saine. Vous montrerez la voie, et certains vous imiteront. C'est ce que j'essaie de faire à mon humble niveau.

Si vous n'êtes pas altruiste, ce n'est pas du tout un problème, car je reste persuadé que vous enseignerez les techniques que vous allez découvrir à vos enfants, ou vos proches. À terme, ==le monde sera meilleur==!

Prêt à commencer?

CHAPITRE 2
COMMENT FONCTIONNE VRAIMENT VOTRE MÉMOIRE

« Parce qu'un homme sans mémoire est un homme sans vie, un peuple sans mémoire, est un peuple sans avenir »

Ferdinand Foch

Bien utilisée, votre mémoire est l'un des plus prodigieux outils que la nature vous ait donné. Un outil tellement fascinant que beaucoup de choses ont été dites, écrites et représentées à son sujet. Certaines informations sont exactes, d'autres sont à prendre avec des pincettes, et d'autres encore sont à l'origine de bon nombre de légendes urbaines qui perdurent au fil des générations.

Dans ce chapitre, vous allez découvrir **comment fonctionne réellement votre mémoire**. Vous commencerez par découvrir les principales erreurs du quotidien et les idées reçues à propos de votre mémoire.

Ensuite, au travers de faits qui vont vous surprendre, vous réaliserez comment votre mémoire procède en réalité pour stocker les informations **à long terme**.

Je vous montrerai ensuite comment l'utiliser différemment pour en obtenir le meilleur. Vous verrez qu'il n'est pas question de « don » mais bien d'une **compétence** que vous pouvez développer facilement dès aujourd'hui.

Enfin, les 4 étapes de la mémorisation indestructible formeront **votre formule magique pour ne plus oublier** bêtement vos informations et pour vous assurer un très bon taux de restitution au moment au moment où vous aurez besoin de vos informations (qui a dit « examen » ?)

LES ERREURS DU QUOTIDIEN ET LES IDÉES REÇUES SUR VOTRE MÉMOIRE QUI VOUS EMPÊCHENT DE RÉUSSIR

Voici les idées reçues et erreurs du quotidien les plus fréquentes que j'ai vues durant ces 5 dernières années.

L'APPRENTISSAGE PAR CŒUR OBLIGATOIRE

L'apprentissage par cœur est exclusivement basé sur la répétition des informations, jusqu'à ce que celles-ci deviennent automatiques. Vous y êtes confronté pour la première fois lorsque vous devez apprendre vos tables de multiplication en primaire. C'est un temps fort dans la vie d'un jeune écolier. Cela demandait énormément d'efforts et de temps, mais cela « marchait » car votre cerveau était jeune, malléable, et vif.

Ce succès peut vous faire penser que l'apprentissage par cœur est la façon la plus fiable et la plus rapide de mémoriser des informations. Pour beaucoup, c'est la seule façon d'apprendre quelque chose. Cependant c'est une erreur qui coûte généralement très cher.

L'apprentissage par cœur ne donne pas le goût d'apprendre, n'éveille pas votre curiosité et est loin de garantir que vous comprenez ce que vous répétez en boucle. C'est la façon « gavage d'oie » dont je vous parlais dans le chapitre précédent, issue de la révolution industrielle.

Je pense qu'il vaut mieux mettre l'accent sur la « ludification », c'est-à-dire rendreplus agréable et amusant. Les techniques que je vais vous présenter vont dans ce sens, et elles peuvent radicalement changer votre vision de l'apprentissage en général.

Il existe d'autres façons d'apprendre et de mémoriser vos informations. Selon votre profil d'apprentissage (voir chapitre 5-2), vous préférerez utiliser telle ou telle technique.

CERTAINS ONT UNE MÉMOIRE INNÉE ET D'AUTRES ONT NATURELLEMENT UNE MAUVAISE MÉMOIRE

À moins d'un accident ayant causé de lourds dégâts sur votre mémoire, celle-ci à la base n'est pas pire que celle des autres. Vous n'avez **pas** de mauvaise mémoire, vous avez simplement **une mémoire non entraînée**, et cela change **tout**.

Aujourd'hui, tout est fait pour que vous laissiez votre mémoire au repos : les smartphones qui vous rappellent les choses du quotidien, les alertes, les notifications qui vous interrompent sans cesse et vous empêchent de faire des efforts de mémoire... il n'est pas étonnant que vous ayez perdu confiance en elle, car elle « rouille ». Mais cela va changer !

NE JAMAIS RÉPÉTER SES INFORMATIONS PARCE QU'ON EST SÛR D'AVOIR TOUT COMPRIS

Si vous vous dites : « pas besoin de répéter, je connais déjà », **méfiez-vous** ! Lorsque vous lisez ou relisez vos informations, vous pouvez avoir l'impression que celles-ci sont simplement du bon sens, qu'elles sont logiques et que vous comprenez tous les exemples. Bien souvent, lorsque vous regardez les corrigés des exercices, vous vous dites : « ah mais oui je savais ça ! ». Cela porte un nom : **l'illusion d'avoir bien appris.**

Le problème c'est que vos informations ont **réellement besoin** d'être répétées pour pouvoir se stocker dans votre mémoire à long terme, comme vous le verrez dans le chapitre 3-3.

PLUS JE SURLIGNE/SOULIGNE, PLUS JE MÉMORISE !

Quand vous soulignez (ou surlignez), vous envoyez à votre cerveau le message que quelque chose est important et mérite d'être retenu. L'ennui c'est que si vous le faites trop fréquemment, il n'y a **plus d'informations qui se détachent du reste.** Paradoxalement, le résultat est qu'il n'y a plus d'informations importantes pour votre cerveau. Au même moment, vous avez l'impression que vous apprenez car vous surlignez/soulignez.

Ce n'est malheureusement qu'une impression. En réalité, cette méthode n'est pas efficace et ralentit votre apprentissage.

Dans la mesure du possible, si vous devez mettre en avant quelque chose d'important, privilégiez plutôt la réécriture synthétique sur papier sous forme de mots-clés (quelques mots mais bien choisis et indispensables à la compréhension de votre texte) ou bien un surlignage léger mais efficace comme dans ce livre !

> Pour une mémorisation optimale, pensez à mémoriser des mots-clés importants de votre cours/texte. Ceux qui reviennent souvent ou ceux qui désignent une notion importante à retenir.

LA MÉMOIRE DÉCLINE NATURELLEMENT AVEC L'ÂGE

Si au niveau cérébral certaines connexions neuronales se dégradent, votre mémoire ne déclinera réellement que si vous ne vous en servez jamais. Les personnes au-delà de 60 ans ont tendance à penser que leur mémoire est moins bonne qu'avant. C'est inexact. Certains lecteurs ce livre ont plus de 75 ans et continuent d'appliquer les techniques avec succès. Une de mes lectrices a même 91 ans et continue d'avoir une bonne mémoire. Il suffit de quelques exercices « d'entretien » et vous serez au top même après 90 ans ! L'hygiène de votre esprit est aussi importante que l'hygiène de votre corps.

LA MÉMOIRE PHOTOGRAPHIQUE EXISTE ET JE VEUX L'AVOIR

À ma connaissance, le seul cas de mémoire photographique qui existe dans la réalité (comprendre : être capable de mémoriser comme un appareil photo à un instant T) est celui de Stephen Wiltshire, un artiste autiste britannique affligé du syndrome du savant. Il est capable de redessiner la photographie exacte du panorama d'une ville comme New York ou Rome simplement après l'avoir survolée en hélicoptère. Se rappeler de l'endroit où se situait telle ou telle partie de l'information dans un texte, à quelle page etc. n'est PAS avoir une mémoire photographique, c'est avoir un profil d'apprentissage plutôt visuel, rien de plus. Les techniques de ce livre vous aideront néanmoins à acquérir très rapidement ce type de mémoire à dominante visuelle.

ON UTILISE SEULEMENT 7/10/15/20 % (ETC.) DE SON CERVEAU !

Vous utilisez 100 % de votre cerveau et heureusement pour vous. Son fonctionnement exact est encore inconnu, mais si on vous posait des électrodes, toutes les zones de votre cerveau se révéleraient actives. En connaissant les bonnes techniques (comme celles de ce livre), vous ferez travailler votre cerveau beaucoup plus efficacement, ce qui pourra effectivement vous donner l'impression que vous l'utilisez « plus ».

LES TECHNIQUES DE MÉMORISATION PRENNENT DU TEMPS

Votre cerveau a été formé à la façon « gavage d'oie » depuis votre enfance. Il est normal que cela prenne du temps de le rééduquer à de nouvelles formes d'apprentissage. S'il est vrai que certaines techniques demandent un petit effort d'adaptation qui prend un peu de temps, vous êtes largement gagnant sur le long terme, au moment de réviser, réapprendre ou tout simplement d'apprendre de nouvelles choses.

SI JE LIS 10 FOIS MON COURS D'AFFILÉE, JE LE MÉMORISERAI FACILEMENT

Si vous pensez complètement à autre chose lorsque vous lisez votre cours, vous n'en retiendrez rien. Et le problème c'est que votre cerveau va rapidement s'ennuyer à lire les mêmes choses, donc se mettra plus rapidement en mode « musique d'ascenseur ».

Cette technique ne fait pas entrer vos informations dans votre mémoire à long terme. Ce n'est ni plus ni moins qu'un apprentissage basé sur les répétitions, comme l'apprentissage par cœur.

MON CERVEAU VA EXPLOSER SI JE DÉCIDE D'Y FAIRE ENTRER TROP D'INFORMATIONS !

Selon une étude de 2010 de Paul Reber, professeur de psychologie à l'université de Northwestern, il est pratiquement impossible de saturer sa mémoire.

Votre cerveau contient des milliards de neurones. Chacun de ces neurones forme environ 1000 connexions avec chacun des autres neurones.

C'est de cette façon que vous pouvez faire les liens entre les choses que vous mémorisez, même lorsqu'elles n'ont aucun rapport entre elles. Vous constituez un véritable ==réseau d'idées== reliées.

En d'autres termes, votre capacité de stockage est multipliée ==presque à l'infini.==

D'après Paul Reber, si votre cerveau était un magnétoscope qui enregistrait la vie comme un film, votre bande d'enregistrement aurait une durée de…. 300 ans ==sans interruption== !

Soit l'équivalent de plus de 3 vies mises bout à bout, en imaginant que vous terminiez centenaire à chaque fois !

Ça y est, vous êtes rassuré(e) ?

LA MÉMOIRE DES ODEURS EST LA PLUS PUISSANTE DES MÉMOIRES

La mémoire des odeurs est souvent mise en avant et on la décrit parfois comme la plus puissante des mémoires. Elle est présente dans les œuvres littéraires, comme la madeleine de Proust dans « à la recherche du temps perdu » par exemple.

> Il y a des odeurs que vous appréciez et d'autres que vous détestez. J'adore par exemple l'odeur des biscuits à la cannelle, d'un gâteau au chocolat sortant du four, de ma pizza préférée… (oui, je suis un grand gourmand !). Vous reliez toutes les odeurs à des souvenirs, des épisodes de votre vie. Vous les associez sans effort et vos émotions reviennent également sans effort lorsque vous la respirez de nouveau, surtout lorsqu'elle est rare.

Mais pouvez-vous utiliser les odeurs pour mémoriser de longues pages remplies d'informations ?

==Non.== Et d'ailleurs, je ne vois pas comment vous pourriez faire. J'ai beau triturer le sujet dans tous les sens, je ne vois pas comment vous pourriez l'utiliser pour mémoriser des cours par exemple.

> Je doute que parfumer vos pages de cours de votre eau de toilette préférée vous fasse mieux les apprendre. Vous pouvez tester, ceci dit. En revanche, votre odorat peut vous aider à mieux mémoriser, comme vous le verrez au cours du chapitre 4, en créant des associations mentales ==beaucoup plus fortes==, même si ce sens n'est pas le plus développé chez vous.

LES FAITS SURPRENANTS À PROPOS DE VOTRE MÉMOIRE

Tout comme les erreurs et les idées reçues, votre cerveau est capable de choses extraordinaires. Certaines jouent pour vous, d'autres pourraient vous piéger. Voyons cela de plus près.

LES FAUX SOUVENIRS

Aussi étonnant que cela puisse paraître, votre mémoire fabrique des faux souvenirs. Elizabeth Loftus est une psychologue qui s'est passionnée pour les questions de la malléabilité des souvenirs, notamment dans les affaires judiciaires où les témoignages étaient prépondérants.

>> LA SUGGESTION

Avec son équipe de scientifiques, elle a mené une expérience très intéressante.

Ils ont convié des hommes et des femmes dans une salle. Ils ont commencé par dire aux participants que les scientifiques avaient rencontré les parents des candidats au préalable et que ceux-ci leur avait donné 4 photos de souvenirs d'enfance à commenter.

Parmi ces 4 photos, une était truquée et provenait d'un souvenir qui n'a jamais eu lieu.

Puis les scientifiques ont invité chaque personne à se remémorer le plus de détails possible des moments pris en photo. Lors de la première interview, aucun participant à l'expérience n'a déclaré avoir de souvenir de la photo truquée.

Là où cela devient intéressant, c'est que les scientifiques ont procédé à une deuxième interview, une semaine après avec les participants en leur posant exactement la même directive : remémorez-vous un maximum de détails de ces photos souvenirs.

> Cette fois ci, **20 % des sujets déclaraient se souvenir de certains détails de scènes qui n'avaient pourtant jamais existé !**

Puis les scientifiques ont effectué une troisième interview, un mois plus tard, et cette fois, les participants étaient 30 % à se souvenirs de scènes entières n'ayant pourtant jamais eu lieu !

La seule chose qui a permis de créer ces faux souvenirs était l'assurance que les photos provenaient des membres de la famille (donc des gens importants et dignes de confiance).

Autre possibilité de suggestion :

Vous êtes témoin d'une scène d'agression. Deux hommes se battent à mains nues. Vous êtes sûr de vous, et vous pourriez témoigner sans problèmes. Vous avez tout enregistré et comme vous êtes sous le choc des évènements, vous ne risquez pas d'oublier. Si un policier vous questionne en vous posant des **questions dirigées** de type :

« Lequel avait le couteau ? »

> Vous allez commencer par dire que personne n'avait de couteau. Mais quelques temps après, lorsque vous serez de nouveau réinterrogé sur la même scène en compagnie d'un autre témoin qui lui, a vu le couteau, vous allez douter, et **votre cerveau va se mettre à créer des fausses images.**
>
> Comment ? Avec l'aide de **l'imagination.**

Est-ce difficile d'imaginer deux hommes se battre à mains nues et deux hommes se battre avec un couteau ? Non.

Si les policiers vous demandent lequel avait un couteau, et qu'un témoin affirme que l'un d'eux en avait un, vous allez inconsciemment demander à votre cerveau **d'imaginer une scène que vous n'avez pas vue !** Cette scène, vous allez la répéter intérieurement encore et toujours et l'affiner pour la faire coller à la réalité.

> Après tout, c'est rationnel. Des personnes de confiance (les policiers) vous disent que l'un d'eux portait un couteau. Un témoin affirme avoir vu un couteau, c'est qu'il doit y en avoir un quelque part !

C'est pour cela qu'un témoin visuel seul ne constitue pas, la plupart du temps, une preuve suffisante pour des policiers avertis, et que bien souvent, ces derniers ont besoin d'en chercher plusieurs et de les interroger séparément. Car un témoin peut dire un mensonge ==tout en étant persuadé de dire la vérité==! La BBC avait d'ailleurs diffusé une série de vidéos expériences sur les témoins directs d'un meurtre dans un pub qui ont tous décrit un meurtrier différent (documentaire « Eyewitness » de la BBC, sorti en 2010).

>> L'IMAGINATION

La suggestion n'est pas la seule façon d'avoir des faux souvenirs. Une méthode tout aussi dangereuse et souvent utilisée par les thérapeutes concerne ==la visualisation et l'imagination==. Là encore, par ce biais, il est possible d'implanter de faux souvenirs à une personne. Elizabeth Loftus a demandé à certains des participants d'une expérience d'imaginer une petite scène.

> Vous êtes enfant. Vous jouez dans la maison. Vous entendez du bruit vers la fenêtre de la pièce voisine. Vous courez pour voir ce qu'il se passe, vous trébuchez et en tombant vos mains brisent la vitre de la fenêtre. Vos mains saignent. Imaginez cette scène de façon aussi détaillée que possible.

Les autres participants n'avaient rien à imaginer du tout. Six semaines plus tard, une liste d'évènements était présentée aux deux groupes de participants. Ceux-ci devaient cocher les évènements qui leur étaient arrivés lorsqu'ils étaient petits.

Parmi la liste de ces évènements se trouvait la scène imaginée de l'accident de fenêtre. Les sujets qui ont dû imaginer la scène ont été ==1,5 fois plus nombreux== à indiquer que cet évènement leur était réellement arrivé lorsqu'ils étaient petits, alors qu'en fait, ils l'avaient juste imaginé 6 semaines auparavant sur les directives d'un inconnu !

LE DÉJÀ-VU

Le sentiment de « déjà-vu », c'est lorsque tout d'un coup, alors que vous êtes en train de faire quelque chose, vous vous dites quelque chose comme :

« Mais attend, j'ai déjà vécu cette scène ! Je sais ce qu'il va se passer ! »

Vous avez l'impression d'avoir déjà vécu la scène, même si vous ne savez pas exactement quand. À ce phénomène étrange, plusieurs explications sont possibles. Réincarnation, sorte de «lapsus psychologique», vie antérieure?

Les scientifiques tendent à penser que cela est dû à un ==défaut momentané de votre cerveau== qui classe les événements en train de se produire dans la mauvaise «case» de votre mémoire. Un bref instant, votre cerveau classe l'événement dans votre mémoire à long terme ==au lieu de votre mémoire à court terme.== Lorsque le dysfonctionnement cesse, vous pensez alors que vous avez déjà vécu cette scène dans votre vie, alors que vous êtes juste en train de «reprendre vos esprits».

Si cette explication parait convaincante, il n'y a en revanche aucune information sur ce qui causerait ces fameux moments d'égarement du cerveau.

>> MÉMOIRE DE TRAVAIL, PROCÉDURALE ET «SÉQUENTIELLE»

Votre mémoire de travail est celle qui vous donne mal à la tête car elle fait des ==efforts== pour s'approprier ce que vous êtes en train d'apprendre. Votre mémoire de travail est efficace, mais elle a un gros défaut que vous ignorez peut-être: ==elle ne peut stocker qu'entre 4 et 7 types d'informations différentes à la fois.==
Tout le reste aura tendance à être oublié.

Un petit exemple pour illustrer ceci est lorsque vous apprenez à conduire pour la première fois. Vous prenez en main le véhicule et vous devez faire attention à une multitude de détails: ce qu'il se passe autour de vous, ce qu'il faut faire pour changer de vitesse, pour accélérer, ne pas caler, faire attention à la circulation autour de vous, les panneaux, les feux, les directions, contrôler vos voyants lumineux, les limitations de vitesse etc.

Tout semble compliqué et vous oubliez beaucoup de choses. Vos premières leçons sont éprouvantes et votre mémoire de travail a du mal à tout intégrer.

Lorsque vos informations sont suffisamment maîtrisées, votre mémoire de travail les transfère à sa grande sœur: ==la mémoire procédurale.== Comme son nom l'indique, cette mémoire enregistre les procédures et leurs logiques. Vous n'avez plus besoin de faire un effort conscient pour décomposer votre façon de freiner, d'accélérer, de faire attention. Vous savez. Et vous avez beaucoup moins besoin de répétitions. Ce qui libère de la place pour d'autres informations dans votre mémoire de travail.

Enfin, vos informations suffisamment répétées deviennent automatiques et « inconscientes ». C'est ce que j'appelle la « mémoire séquentielle » ou la mémoire des mouvements, car elle s'applique beaucoup plus aux séquences de gestes et de mouvements.

> Il s'agit par exemple de ce code de carte bleue ou d'interphone que vous avez composé un nombre incalculable de fois et pour lequel vous vous souvenez mieux de la séquence de vos mouvements que des chiffres à proprement parler. Il s'agit de ces mouvements que vous faites inconsciemment pour changer les vitesses de votre voiture, cet embrayage pourtant si compliqué au début, etc.

Il est possible d'accélérer considérablement votre apprentissage en utilisant des techniques de mémorisation. Vous créez des associations qui sont difficiles au début car vous utilisez votre mémoire de travail, puis quand vous n'avez plus besoin de les passer consciemment en revue, elles deviennent beaucoup plus rapides et faciles à utiliser. Enfin, elles deviennent automatiques, comme si elles avaient toujours été évidentes pour vous.

LES JEUX VIDÉO ONT DES VERTUS POUR VOTRE MÉMOIRE

Souvent montrés du doigt, les jeux vidéo ont en fait des points très positifs. Evidemment, le but n'est pas de passer sa vie dessus, mais pratiqués à une certaine dose, votre mémoire va se mettre à fonctionner plus rapidement et plus efficacement.

>> VOTRE IMAGINATION EST STIMULÉE

Comme vous le verrez dans le chapitre 4, vous avez besoin de libérer votre imagination pour créer des associations mentales (moyens mnémotechniques) puissantes. Les joueurs réguliers de jeux vidéo ont plus de facilité à créer ces associations car ils peuvent se servir de beaucoup de scènes qu'ils vivent dans les jeux pour se souvenir de choses de la vie quotidienne.

> Il est également plus facile pour les joueurs de s'imaginer en train de traverser des lieux car ils ont l'habitude d'être en immersion dans des lieux virtuels très variés.

>> VOTRE CONCENTRATION ET VOTRE PRÉCISION AUGMENTE

Les jeux vidéo (et notamment les jeux d'action) agissent comme un stimulant pour votre cerveau. Vous devenez plus alerte, plus vigilant, car vous êtes immergé dans un environnement dynamique et nécessitant votre pleine attention.

Vos connexions synaptiques se modifient, et vos réflexes s'améliorent. Vous devenez capable de vous concentrer plus longtemps, plus efficacement, tout en mémorisant mieux les mouvements et les séquences nécessaires.

Des chercheurs de l'université du Texas ont même réussi à démontrer que des jeunes joueurs avaient plus de facilité à réussir sur/avec des simulateurs de chirurgie virtuelle que des internes de médecine !

Quant aux chirurgiens eux-mêmes, qui sont des joueurs de jeux vidéo réguliers, ils font tout simplement jusqu'à 37 % d'erreurs en moins !

>> VOTRE MÉMOIRE VIEILLIT MOINS VITE

Selon l'université de l'Iowa, 2 h par semaine suffisent pour ralentir jusqu'à 7 ans le vieillissement cérébral. Cette étude tend donc à confirmer que les jeux de simulation ou d'entraînement cérébral servent un peu à quelque chose. Mais ne rêvez pas. Vous ne vous réveillerez pas avec une mémoire de génie et un cerveau tout jeune après avoir joué au professeur Leyton pendant des mois.

Rien ne vaut l'Art de la Mémoire pour réellement développer votre mémoire et également empêcher son déclin cérébral.

GRIBOUILLER AUGMENTE VOS CAPACITÉS DE MÉMORISATION

Quand vous griffonnez un papier avec un stylo, un lien se forme entre votre cerveau et votre main. C'est comme si vous étiez beaucoup plus vigilant. Quand vous gribouillez pendant que vous êtes en train d'écouter, vous activez un réseau neuronal qui vous permet de mieux enregistrer l'information. Évidemment, cela suppose que vous êtes effectivement en train d'écouter, et non pas en train de penser à autre chose !

C'est pour cela qu'il est toujours plus efficace d'écrire à la main une information plutôt qu'au clavier. Ressortez les post-it !

LES TECHNIQUES DE MÉMORISATION PEUVENT VOUS FAIRE GAGNER 10 PTS DE QI

68 % de la population française possède un score compris entre 85 et 115 sur l'échelle du Q.I (quotient intellectuel). Seuls 2 % de la population ont un quotient intellectuel dépassant les 130 (stade de surdoué).

Les tests officiels de QI prennent en compte les domaines suivants :

Le vocabulaire, l'arithmétique, les capacités visuo-spatiales, la culture générale, la conscience sociale, la mémoire à court terme et la mémoire des chiffres.

Votre mémoire est testée à deux reprises, notamment votre capacité à mémoriser des listes et des nombres. Aucune de ces deux épreuves ne sera un problème lorsque vous aurez maîtrisé les techniques, ce qui revient à dire que vous pouvez, avec un peu de pratique gagner **jusqu'à 10 points de façon permanente**, donc *possiblement* de vous retrouver avec un quotient intellectuel **supérieur à la moyenne**.

VOTRE MÉMOIRE N'EST PAS UN ORDINATEUR, C'EST UN BIBLIOTHÉCAIRE

Cette réflexion ne m'est venue que récemment. La mémoire est comme mon travail de bibliothèque : je fais de la veille culturelle, je fais de l'archivage de documents, je renseigne les gens (autant que possible) et je vais chercher et classer les documents à une place précise.

Votre mémoire fait la même chose : elle **filtre** les **informations importantes** pour vous (elle fait de la veille), elle les **archive**, vous les recherchez quand vous en avez besoin et vous les rangez à des **endroits précis**.

Elle est moins rapide que celle d'un ordinateur, car vous ne prenez pas souvent le chemin le plus court pour retrouver ce que vous avez archivé. Parfois vous prenez de longs détours.

Pour votre ordinateur ce n'est **pas** la même chose. Vos collections de vidéos sont dans tel dossier. Il n'y a pas 36 chemins pour y accéder.

Pour prendre une autre comparaison, c'est comme si votre mémoire était un réseau routier qui créait des **itinéraires bis** en plus des autoroutes pour relier les informations. Plus vous avez « d'itinéraires bis », plus vous avez de chances de retrouver vos données.

LES QUATRE ÉTAPES D'UNE MÉMORISATION INDESTRUCTIBLE

Pour apprendre efficacement des informations (cours, culture générale, reconversion professionnelle etc.) vous devez passer par **4 phases distinctes.**

Dans l'ordre :

1. La motivation

2. La compréhension

3. La mémorisation

4. L'ancrage

Ces phases forment la checklist de tout bon apprentissage. Si vous oubliez, ou si vous négligez **une seule** d'entre elles, votre mémorisation sera **mauvaise,** quelle que soit votre méthode. À la fin, vous aurez perdu un temps considérable et vous n'aurez toujours pas la formule pour apprendre efficacement ! Découvrez maintenant plus précisément chaque étape, et ce qu'elles impliquent.

ÉTAPE 1 : LA MOTIVATION

La première étape fondamentale pour mémoriser durablement quelque chose est la motivation. Cela veut tout simplement dire que vous devez avoir envie d'apprendre quelque chose. Cela tombe bien, **votre cerveau adore apprendre.**

> Ce n'est pas évident, n'est-ce pas ? Vous pensez que vous êtes la seule personne à trouver que l'apprentissage est une corvée ? En fait, c'est le cas de la plupart des étudiants et de ceux qui sont forcés d'apprendre des tonnes de cours intenses.

Rappelez-vous de l'analogie du restaurant au chapitre 1-2.

Cette image illustre parfaitement le mode d'apprentissage scolaire occidental, à savoir que vous n'avez pas le choix de ce que vous devez apprendre, vous devez ingurgiter quel que soit votre niveau d'appétit, et pour chaque erreur que vous faites, on vous retire des points sur votre note finale. Si vous n'avez pas la moyenne, on vous punit.

Il n'y a rien de tel pour dégoûter de l'apprentissage ! Et pourtant, ce restaurant est un passage obligé.

> Comment faire donc pour avoir « faim » et vous rapprocher de la première scène plutôt que de la dernière ?
> **La clé réside dans votre confiance en vous.**
>
> Pour (re)déclencher la spirale de motivation, vous devez vous sentir **compétent** dans le domaine.

Dans les jeux vidéo, traditionnellement, le tout premier niveau d'un nouveau joueur est tellement facile qu'il est pratiquement impossible de perdre la partie. Vous réussissez le niveau facilement, vous vous sentez un petit peu plus en confiance (et **compétent**) et vous passez au niveau d'après. Lorsque les niveaux difficiles arrivent, vous vous sentez suffisamment armé pour pouvoir les franchir, **même s'ils vous demandent de l'acharnement.**

> Une fois que vous êtes conscient de cette spirale vertueuse (la compétence qui amène la confiance), vous retrouvez votre appétit de connaissances. Il vous reste ensuite à prendre votre cours ou vos informations et à les réduire en des **fractions** à mémoriser tellement faciles que vous ne pouvez pas échouer (comme dans ces fameux premiers niveaux de jeux vidéo !).
>
> Pour cela, vous avez besoin d'entrer dans la deuxième phase de la mémorisation parfaite : la compréhension.

ÉTAPE 2 : LA COMPRÉHENSION

Être motivé ne suffit pas à apprendre vos connaissances. Vous pouvez être ultra-motivé, vous pouvez avoir un besoin vital de mémoriser tel ou tel cours, tel ou tel livre, mais si vous ne comprenez pas ce que vous mémorisez, ou pire, que vous cherchez à mémoriser sans comprendre, vous gaspillerez énormément d'énergie et de temps pour **rien.**

En effet, votre cerveau prend l'habitude de de balayer de votre mémoire toute information qu'il trouve terriblement ==banale, ennuyeuse,== ou toute information ==inutile.== Quand vous ne comprenez pas ce que vous mémorisez, même si vous utilisez des techniques, vous finissez par oublier.

La question devient alors : comment faire pour comprendre ?

Vous avez besoin de savoir ==synthétiser== et compresser vos informations. Vous devez réduire intelligemment vos ==quantités== de données et distinguer celles qui sont accessoires de celles qui sont secondaires avant de les mémoriser.

Dans le prochain chapitre, je vous apprendrai la meilleure technique pour le faire, mais avant cela, regardez de plus près la 3ᵉ étape du cycle.

ÉTAPE 3 : LA MÉMORISATION

C'est l'étape qui fait le plus défaut à celles et ceux qui apprennent des connaissances, et c'est évidemment une étape fondamentale de votre réussite.

La plupart de vos informations, de vos cours, ou de ce que vous voulez retenir est impossible à mémoriser sans technique. Même si vous êtes très motivé, et que vous comprenez ce que vous cherchez à apprendre (étapes 1 et 2 maîtrisées), si vous utilisez les mauvaises méthodes de mémorisation, vos efforts auront été vains.

Il existe tout simplement trop de choses différentes à mémoriser. Si l'apprentissage par cœur fonctionne quand vous êtes jeune et relativement malléable pour apprendre les tables de multiplication, vous ne pouvez pas continuer à utiliser cette méthode pour des cours (Droit, Anatomie, Histoire…).

Vous devez utiliser des techniques. Vous découvrirez les bases de celles-ci dans le prochain chapitre, et vous verrez comment vous pouvez ==créer vos propres techniques== pour les adapter à votre quotidien et à vos cours.

Considérez l'Art de la mémoire comme ==une boite à outils gigantesque.== Vous utilisez le bon outil pour le bon type d'informations. Parfois vous aurez beaucoup de chiffres, de dates à apprendre. Parfois vous aurez plutôt des listes ou des systèmes. D'autres fois, vous aurez besoin d'apprendre des schémas ou des tableaux…

Vous n'utiliserez pas les mêmes outils selon ce que vous aurez à traiter, mais tous auront pour but de rendre vos informations plus vivantes, plus drôles, et parfois plus absurdes, bref plus ==mémorables== !

Bien mémoriser est indispensable, mais il y a la dernière étape :

ÉTAPE 4 : L'ANCRAGE

Il n'y a rien de plus frustrant que d'avoir bachoté des heures interminables pour se retrouver avec un trou de mémoire le jour où vous avez besoin de ressortir vos informations !

Si votre mémorisation ne s'est faite qu'avec les techniques de l'apprentissage par cœur, il y a de grandes chances pour que vous ayez oublié tout ce que vous avez appris durant vos études. Cet effet arrive très vite. Seulement quelques mois après la fin de votre dernier diplôme, tout simplement car vous arrêtez de répéter vos informations par cœur.

Même sans attendre la fin de vos études, vous avez déjà oublié une partie non négligeable de ce que vous avez étudié le mois dernier. En utilisant l'apprentissage par cœur comme seule méthode de travail, vous sollicitez votre mémoire de travail et celle-ci ne peut contenir que quelques informations simultanément, et au prix d'efforts intenses. L'ancrage des informations dans votre mémoire est trop faible.

La solution consiste à utiliser d'autres parties de votre mémoire, et notamment ==stocker directement vos informations dans votre mémoire à long terme.== C'est le but du noble Art de la Mémoire que vous allez découvrir tout au long de cet ouvrage.

Les techniques de mémorisation rendent vos informations plus vivantes, tout en étant ==plus faciles à ancrer== dans votre mémoire. Il y a également un autre avantage décisif : ==même== dans le cas où vous oubliez ce que vous avez appris avec les techniques, vous retrouvez vos informations très facilement. Le réapprentissage se fait beaucoup plus rapidement. Ce phénomène est d'ailleurs plutôt appelé « ==réactivation== » car vous n'avez pas réellement à réapprendre. Si en revanche vous n'avez utilisé que l'apprentissage par cœur pour mémoriser, vos efforts seront plus coûteux et demanderont plus de temps.

Dites adieu à vos problèmes de mémoire, car il est temps de maîtriser les techniques qui changeront votre vie : l'Art de la Mémoire !

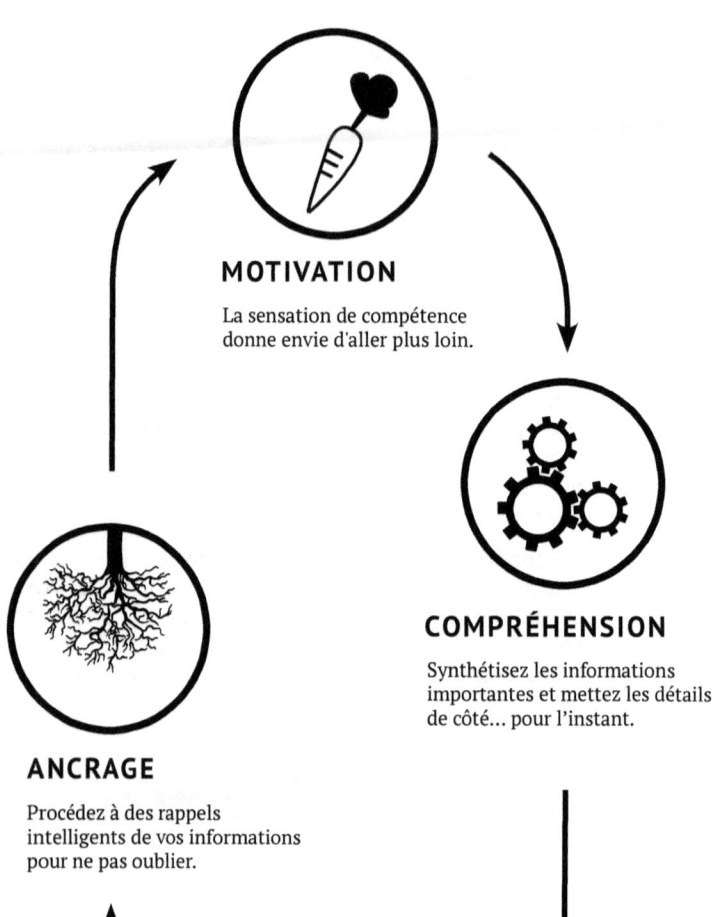

LE NOBLE
ART DE LA MÉMOIRE :
LES BASES POUR
MÉMORISER EFFICACEMENT

CHAPITRE

3

CE QUE VOUS DEVEZ SAVOIR AVANT DE COMMENCER

« La maturité de l'homme,
c'est d'avoir retrouvé
le sérieux qu'on avait au jeu
quand on était enfant »

Friedrich
Nietzsche

Quand j'étais petit, j'avais une bonne mémoire. Il me suffisait de bien écouter en cours pour avoir de très bons résultats. Et puis un jour, cela ne suffit plus. Trop d'informations à retenir, trop de cours difficiles. Petit à petit, j'en suis venu à délaisser ce qui faisait autrefois ma fierté. Les années qui ont suivi m'ont fait passer au rang de « distrait de service ».

Je n'ai jamais aimé apprendre par cœur, et malheureusement, j'avais l'impression qu'il n'y avait que cela qui marchait. Malgré tout, je parvins à réussir des études honorables, même si elles étaient très loin de ce que j'imaginais. De plus, l'ensemble de ma scolarité a été oubliée en l'espace de quelques mois.

De retour au niveau zéro, après tant d'années à souffrir intellectuellement.

Mais un jour, tout a changé.

Alors que je rentrais d'une journée de travail bien remplie, je visionnais une vidéo sur Internet d'un homme qui avait une mémoire hors du commun. Dans ce documentaire de la BBC, on voyait comment cet homme était capable de mémoriser des centaines de cartes à jouer mélangées. Il pouvait retrouver la place exacte de chacune d'entre elles à l'intérieur de n'importe quel paquet.

Au moyen d'histoires et de codes mnémotechniques, il transformait chaque carte en image, et toutes ces images en histoires absurdes.

Cet homme, c'était Andy Bell et il avait été à plusieurs reprises champion du monde de mémoire.

Il terminait l'interview en déclarant que chacun possédait ces capacités, et que n'importe qui pouvait le faire.

Cela m'a intrigué, j'ai donc décidé d'essayer.

En faisant des recherches, j'ai appris sa technique. Et je me suis mis à mémoriser des cartes à jouer. Un paquet de 52 cartes. Quelque chose qui semblait impossible.

Je n'y suis pas arrivé du premier coup, et dès le début c'était un peu difficile. Cela me demandait des efforts. C'était comme si cela faisait travailler une partie de mon cerveau qui n'avait plus l'habitude : la mémoire !

Malgré mes échecs du début, je sentais qu'il était possible d'y arriver. J'ai donc persisté. J'ai pris cela comme un jeu.

Et j'ai fini par y arriver.

Je n'osais pas y croire.

Utilisée de la bonne façon, votre mémoire peut effectivement réaliser des prouesses, car si mémoriser quelque chose d'aussi abstrait et répétitif que des cartes à jouer était possible, cela voulait dire que je pouvais de même mémoriser absolument tout type d'informations, y compris les cours !

L'ÉTAT D'ESPRIT À ADOPTER POUR AVOIR UNE EXCELLENTE MÉMOIRE

Vous allez découvrir une méthode nouvelle qui existe pourtant depuis la Grèce antique. Cette méthode, c'est une grande boîte remplie d'outils : **les techniques de mémorisation.**

À partir de maintenant, tout peut changer pour vous. J'ai même la conviction que tout va changer une fois que vous les aurez maîtrisées.

Avec le bon état d'esprit.

Tout d'abord, la curiosité d'essayer, d'agir, et non simplement de lire en restant passif. C'est dans l'action que vous aurez une meilleure mémoire. Comme le disait Albert Jacquard dans son interview "l'intelligence selon Albert Jacquard" (Youtube).

Ensuite, vous devrez enclencher le cycle de la confiance :

Vous utiliserez des techniques sur des choses simples, presque trop faciles, afin de vous habituer et de progresser en un minimum d'efforts et de temps.

Vous devriez même vous rendre la tâche trop facile. De cette manière vous vous sentirez compétent, et vous passerez à la suite un peu plus en confiance. Vous déclencherez ensuite un cycle de confiance qui rendra votre apprentissage amusant et efficace, car vous irez de plus en plus vite.

Répétons que c'est sur ce même principe (état d'esprit) que fonctionnent les jeux vidéo : ils sont faits pour être amusants, et le premier niveau est tellement facile qu'il est presque impossible de l'échouer. De cette manière, vous vous sentez vite confiant (sentiment de compétence) et vous enchaînez sur le niveau suivant.

Enfin, sachez que mettre en place l'Art de la mémoire ne sera pas instantané, surtout au début. N'oubliez pas que vous avez passé de nombreuses années à considérer que l'apprentissage par cœur était la seule option efficace pour vous faire réussir ! Vous devez donc « rééduquer » votre cerveau, remuscler votre mémoire et cela prend un peu de temps.

Est-ce que ce temps est perdu ? Non ! En fait, vous allez même en gagner énormément en fin de compte. Comme le disait Abraham Lincoln : « si je disposais de 6 h pour abattre un arbre, alors j'en passerai 4 à affûter ma hache ».

En utilisant les techniques de mémorisation, vous affûtez votre hache, avec comme objectif de faire tomber l'arbre très vite. Une fois votre hache prête, vous serez bien plus rapide que ceux qui n'auront pas pris ce temps de préparation.

Vous gagnerez du temps d'une autre façon :

Vos révisions seront beaucoup plus rapides si vous avez utilisé les techniques. Vous n'aurez pas à tout reprendre, et cette partie de l'apprentissage en sera grandement simplifiée et moins douloureuse.

Maintenant que vous avez l'état d'esprit, il vous reste à régler un problème de taille si vous voulez réussir sur le long terme : la concentration !

COMMENT DEVENIR LA PERSONNE LA PLUS CONCENTRÉE SUR TERRE

Les poissons rouges ont une capacité de concentration moyenne de 9 secondes, paraît-il. C'est-à-dire qu'ils sont capables de fixer quelque chose pendant environ 9 secondes avant d'être distraits par autre chose.

En l'an 2000, l'être humain possédait une capacité de concentration moyenne de 12 secondes, donc supérieure. Malheureusement, depuis 2015, les choses ont changé. Aujourd'hui, la capacité de concentration moyenne d'un être humain est de 8,25 secondes, ce qui veut dire que les poissons rouges sont plus capables de fixer leur attention sur quelque chose que vous.

Votre capacité de concentration est directement reliée à la qualité de votre mémorisation, et de manière plus générale à celle de votre apprentissage. Vous pouvez avoir la meilleure motivation du monde et la meilleure mémoire, celles-ci ne vous seront d'aucune utilité si vous n'arrivez pas à focaliser votre attention le temps nécessaire.

Si vous étiez une voiture, votre réservoir serait votre mémoire, l'essence serait votre savoir, et la concentration serait le tuyau de la pompe ! Avec un tuyau percé ou ridiculement minuscule, il vous faudrait beaucoup trop de temps pour remplir votre réservoir. Parfois, ce serait même impossible.

Afin de bien mémoriser, vous devez donc être capable de vous mettre en mode « concentration » sur demande. Plus facile à dire qu'à faire, mais loin d'être impossible.

Vous devez employer des techniques sur 3 aspects importants :

1- **Votre état de fatigue**

2- **Votre environnement**

3- **Vos habitudes**

VOTRE ÉTAT DE FATIGUE

Un cerveau fatigué enregistre moins bien l'information. Le manque de sommeil par exemple notamment réduit très fortement votre capacité d'attention. Vous découvrirez plus en détails les liens entre votre mémoire et votre sommeil dans le chapitre 5-3. Je voudrais parler maintenant plus particulièrement d'un autre type de fatigue : la fatigue ==mentale== ou émotionnelle.

> Elle arrive lorsque vous êtes stressé, préoccupé, en colère, ou tout simplement épuisé mentalement lorsque votre cerveau a été trop sollicité. Mais elle arrive également ==lorsque vous n'êtes pas dans l'instant présent== et que vous usez vos capacités de concentration sur un avenir ou un passé.

Vous pouvez par exemple repenser à des événements passés, comme des regrets, des souvenirs que vous ressassez, ou bien des événements à venir comme des échéances importantes qui approchent, ou des événements agréables à venir.

> Dans les deux cas, vous utilisez votre énergie de concentration sur d'autres « temps » que le présent. Le présent est le ==seul temps dans lequel vous pouvez vous concentrer car c'est le seul temps que vous contrôlez à 100 %.== Vous pouvez agir, prendre des décisions, vous concentrer, et utiliser vos 5 sens. Vous ne pouvez pas vous concentrer dans le passé qui s'est enfui ou le futur qui n'est pas encore là. La clé réside donc dans votre capacité ==à revenir dans l'instant présent rapidement lorsque votre attention s'égare.==

Pour cela, il existe une technique aussi simple qu'efficace :

Lorsque vous sentez votre attention se porter sur un autre temps que le présent, ==stoppez== immédiatement votre pensée, redressez-vous sur votre chaise, prenez une grande inspiration, et portez votre attention sur vos 5 sens : que voyez-vous à proximité ? Que ressentez-vous ? Qu'entendez-vous ? Y a-t-il une odeur particulière ? En vous redressant et en prenant une grande inspiration, vous utilisez votre sens du toucher.

Si vous êtes fatigué, vous devrez effectivement utiliser cette technique à de nombreuses reprises, mais avec l'usage répété, vous finirez par avoir beaucoup plus de facilités pour vous focaliser malgré la fatigue.

VOTRE ENVIRONNEMENT

Le pire ennemi de la concentration est ==l'interruption.== Or, c'est souvent à la maison que vous trouvez le plus de sources d'interruptions. Vous avez la télévision, l'ordinateur, le téléphone, la radio, les colocs ou la famille, le bruit, la nourriture du frigo, les jeux vidéo… Pour les cours faciles ou pour les rappels succints d'informations, c'est vite pénible, mais lorsque vous avez besoin de vous concentrer sur des tâches plus difficiles, cela devient impossible. Vous devez donc trouver un moyen d'agir sur votre environnement pour une concentration optimale. Mais comment faire ?

Votre premier objectif est de créer un lieu de travail propice à votre concentration. Ce qui veut dire que vous devez ==éradiquer le plus de sources d'interruptions et de bruits possible.== Éteindre le téléphone, Internet, les réseaux sociaux, la télévision etc. ne suffit pas. Il vous faut créer un véritable sanctuaire de travail. Parfois, le confort de votre appartement ou de votre maison ==ne facilite pas votre concentration.== Je me souviens par exemple d'un canapé particulièrement confortable sur lequel j'avais l'habitude de travailler, mais à chaque fois cela me prenait des heures car j'aimais bien m'y allonger, m'étirer, et penser à autre chose.

Cela ne veut pas dire que vous deviez impérativement sacrifier votre confort pour retrouver votre concentration, mais la question mérite de vous être posée : est-ce que c'est le cas pour vous ? Si la réponse est oui, votre concentration a donc besoin d'un lieu moins relié au confort et plus au ==travail.==

L'un des meilleurs environnements pour le travail est celui des médiathèques, et plus particulièrement des ==médiathèques universitaires== dans lesquelles les autres usagers ont exactement les mêmes besoins de concentration que vous.

Une autre option serait un parc (durant les jours chauds et ensoleillés) et les cafés dans lesquels vous avez la possibilité de sortir un dossier pour vous concentrer.

Maintenant que vous avez déterminé votre « sanctuaire » de travail, et que vous êtes dans le meilleur environnement possible, il vous reste à changer quelques habitudes pour bien tirer le meilleur de votre concentration.

VOS HABITUDES

Saviez-vous que votre durée de concentration maximale est d'environ 45 minutes consécutives ? Même lorsque vous suivez un sujet passionnant, votre attention diminue naturellement après un certain temps. Ces chiffres sont appuyés par Maureen Murphy de l'Université du Nord Texas qui parle notamment de la durée idéale des présentations en public. Celle-ci est de 20 minutes. Après ce seuil, votre capacité de concentration décroît assez rapidement pour rebondir lorsque vous annoncez que la fin de votre présentation est proche…

Pour vous concentrer plus efficacement, vous allez devoir jouer sur ce pic d'attention et donc changer un peu vos habitudes. Vous devez privilégier les séances de travail plus courtes, mais plus intenses en concentration.

Pour cela, découpez au maximum vos séances de rappel, de révisions, et d'apprentissage en sessions de 20 à 45 minutes suivant vos possibilités.

Selon vos impératifs, cela ne sera bien sûr pas possible tout le temps. Dans ce cas, arrangez-vous pour que les parties les plus cruciales soient accomplies en premier lors de votre mise au travail. De cette manière, votre baisse de concentration interviendra sur des choses moins importantes.

L'autre technique très intéressante à utiliser pour maximiser votre concentration est d'utiliser la méthode Pomodoro. Cette technique, mise au point par Francesco Cirillo, tire son nom d'un minuteur en forme de tomate appelé « Pomodori » qui permet de créer des cycles de cuisson de 20 minutes environ. Vous pouvez également travailler par cycle idéal. Si la méthode Pomodoro vous préconise 20 minutes de travail pour 5 minutes de repos, je vous recommanderai plutôt un cycle de 30 - 45 minutes suivant la difficulté de votre travail et pour profiter pleinement de votre pic d'attention, et de vous accorder des pauses plus longues après coup. Je trouve ce rythme plus efficace et plus adapté à la vie quotidienne contemporaine. En revanche, pour que cela marche, il y a un impératif de taille : coupez absolument toutes les sources d'interruption possibles lors de votre séance. Vous

CE QUE VOUS DEVEZ SAVOIR AVANT DE COMMENCER

pouvez effectivement utiliser un minuteur qui saura vous indiquer la fin de votre période optimale de concentration. Enfin, je vous recommanderai de ne **jamais** laisser une tâche en suspens lorsqu'elle est presque terminée. N'arrêtez pas votre session parce que c'est l'heure alors que vous alliez la terminer !

En agissant sur les 3 facteurs sur lesquels vous avez le contrôle (votre état de fatigue mentale, votre environnement et vos habitudes) vous allez augmenter de manière rapide et étonnante vos capacités de concentration.

Observez et relevez **le maximum de détails sur votre cible.** Les passants sont idéaux, car votre temps est justement limité. Avec le temps et la pratique vous remarquerez de plus en plus de choses. Vous aurez également plus de facilité pour booster vos capacités mnésiques. N'interprétez pas. **Contentez-vous de relever les détails,** les faits. Ne cherchez pas à savoir ce que telle ou telle chose veut dire. Vous perdrez du temps et vous perdrez également en concentration.

Installez-vous dans un endroit public : un banc, une terrasse de café, un salon de thé, une cafétéria, un bus, etc. et observez le premier sujet qui passe. C'est plus efficace de prendre votre cerveau par surprise pour l'habituer à saisir les détails sur l'instant présent. Si vous choisissez consciemment votre «cible», vous n'obtiendrez pas les mêmes résultats.

Un dernier exercice que vous pouvez faire au quotidien pour augmenter votre capacité d'attention est celui de l'observation active :

Cet exercice est simple, mais efficace, et peut-être pratiqué assez facilement. Il vous donne des résultats rapidement et habitue votre cerveau à se mettre en alerte sur demande.

Maintenant que vous avez les solutions les plus efficaces pour reprendre le contrôle de toute votre attention, c'est le moment idéal pour aborder le cœur de l'Art de la Mémoire.

COMMENT NE JAMAIS OUBLIER

Ce chapitre est l'un des plus **importants** de ce livre. Sans lui, votre mémorisation, aussi puissante soit-elle, ne sera que **temporaire**.

VOTRE CERVEAU FAIT UN TRI DANS VOTRE MÉMOIRE

Chaque nuit, pendant que vous dormez, votre cerveau effectue un tri dans ce qu'il s'est passé dans votre journée. Il garde en mémoire ce qui semble **important**, et il jette ce qui n'a pas de sens ou ce qui vous sera **inutile**. Bien souvent, ce tri est effectué avant le sommeil. Par exemple, vous avez déjà oublié le prénom du collègue de ce collègue que l'on vous a présenté la veille et à qui vous avez à peine parlé. Il en va de même pour ces informations que vous ne comprenez pas réellement ou ce qui vous semble **ennuyeux** (oui, ce peut être des cours).

Ce qui semble important, utile ou tout simplement mémorable est gardé dans votre mémoire à court terme **un jour de plus**. Le lendemain, votre cerveau **recommence son tri**, et recommence avec l'information que vous avez répétée la veille. Est-elle toujours utile ou mémorable ? L'avez-vous rappelée ? Si oui, elle est transférée dans votre mémoire à moyen terme, où elle sera «sécurisée» un peu plus longtemps. Lorsque votre cerveau vérifiera votre mémoire à moyen terme, il recommencera le même procédé de vérification. Si vous l'avez encore rappelée, elle prendra de plus en plus d'importance et aura moins de chances d'être oubliée. Votre cerveau commencera de lui-même à espacer ses vérifications pour cette information. Au bout d'un moment, votre information sera transférée dans votre **mémoire à long terme**.

Pour empêcher l'oubli de vos informations, vous devez donc envoyez un signal à votre cerveau : celui du **rappel**. Ainsi, pour garder en mémoire longtemps, vous devez rappeler l'information **régulièrement**. Mais attention, car l'immense majorité des gens commettent une **erreur très grave** lorsqu'il s'agit d'effectuer des rappels. Une erreur si grave qu'elle peut vous dégoûter complètement du verbe « apprendre », et donc une erreur qui peut changer votre vie en mal et briser vos rêves de réussite.

L'ERREUR DE L'APPRENTISSAGE PAR CŒUR

Quand vous étiez petit, vous avez peut-être appris vos tables de multiplication par cœur. C'était un souvenir douloureux, mais cela a marché rapidement, car c'était votre première réelle expérience avec cette forme d'apprentissage et que cela a fini par marcher.

Vous en avez peut-être déduit que l'apprentissage par cœur était la façon la plus efficace d'apprendre, et peut-être même la seule. En tous les cas, beaucoup le pensent. Et beaucoup se mettent à baser leur apprentissage exclusivement sur la répétition des informations. Pas le temps de chercher la signification, pas le temps de comprendre, et pas le temps de chercher par soi-même des exemples. Il faut répéter, encore et toujours, jusqu'à ce que cela soit imprimé de manière indélébile dans votre mémoire. Ils se mettent donc à répéter des dizaines de fois l'information le même jour jusqu'à ce qu'ils la maîtrisent bien, puis passe à une autre information.

La nuit, le cerveau aura reçu le signal que l'information est importante bien sûr, mais sans la compréhension, il aura un dilemme : pourquoi garder une information qui ne semble pas avoir de sens ? Votre cerveau déteste ce qui n'a pas de sens et va donc opter pour un juste milieu : **la garder jusqu'au lendemain**, mais en éliminer une bonne partie pour « faire de la place ».

Le lendemain, votre cerveau réinterrogera votre mémoire : cette information qui a été rappelée dix fois la veille est-elle **toujours aussi importante aujourd'hui ?** Avez-vous également répété dix fois l'information de la veille ce jour ? Bien souvent, la réponse est non, car cela prendrait trop de temps, que l'apprentissage par cœur est vécu comme une souffrance (au passage, votre cerveau est programmé pour éviter la souffrance, il a donc déjà un conflit d'intérêt !) et que vous avez bien d'autres choses en attente de rappel depuis la veille.

Vous comprenez ainsi pourquoi apprendre uniquement par cœur en répétant vos informations jusqu'à épuisement est une stratégie dangereuse et vouée à l'échec. Vous dépens ez beaucoup de temps et d'énergie pour un seul rappel validé à moitié par votre cerveau.

Heureusement, un scientifique allemand s'est un jour penché sur la question et sa découverte a été d'une importance capitale.

EBBINGHAUS ET LA COURBE DE L'OUBLI

Hermann Ebbinghaus était un psychologue allemand qui a passé une bonne partie de sa carrière à analyser la mémoire. Il a mis en évidence un lien entre le temps qui passe et le taux d'informations oubliées naturellement. Son travail, la courbe de l'oubli, est schématisé ci-dessous :

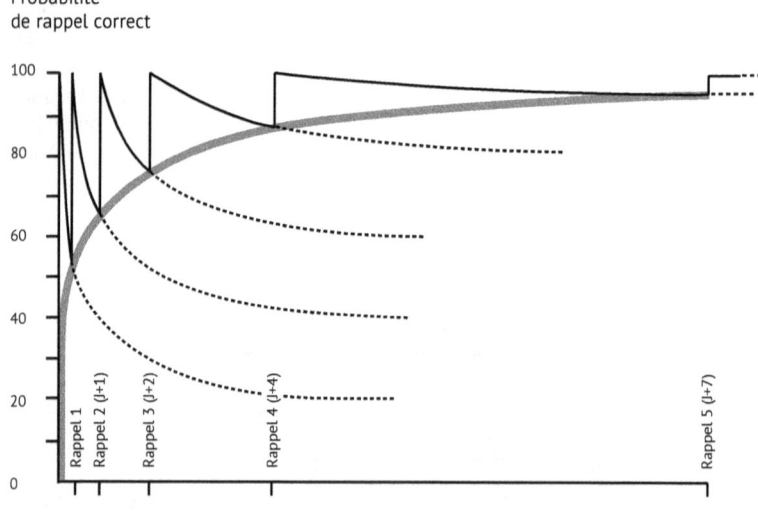

La courbe de l'oubli

Cette courbe montre qu'il est normal que vous oubliiez beaucoup d'informations au fur et à mesure que le temps passe. Elle montre également que vous pouvez réactiver votre taux de rétention de l'information grâce à des rappels ciblés.

Pour qu'ils fonctionnent, ces rappels doivent être effectués de manière espacée à intervalles réguliers plutôt qu'empilés sur la même journée. Vous réactivez ainsi vos informations pour qu'elles restent à très long terme dans votre mémoire.

De combien de rappels avez-vous besoin ? Comment faire exactement ? C'est ce que je vous propose de découvrir maintenant.

LES RÉPÉTITIONS ESPACÉES

Les premières répétitions sont les plus importantes, car elles vous permettent de sauvegarder un maximum d'informations tout de suite et vous permettent également de réactiver votre mémorisation très vite en cas d'oubli.

Vous n'avez pas une formule universelle pour savoir combien de rappels vous seront nécessaires, et sur combien de temps. Cela dépend avant tout de la complexité de vos informations, de votre intérêt pour ce que vous souhaitez mémoriser et de l'utilité que vous en aurez.

En revanche, je peux déjà vous dire que vos 3 premiers rappels devraient survenir les 3 premiers jours de votre mémorisation. Un rappel quelques heures après avoir mémorisé l'information, un autre le lendemain, et un autre le surlendemain. C'est à partir du 4e rappel que vous devrez commencer à espacer plus ou moins selon les critères évoqués.

À titre indicatif, voici le rythme de rappels que j'utilise quand je souhaite mémoriser une information définitivement :

Rappel 1 : Une à deux heures après avoir tenté de mémoriser l'information

Rappel 2 (J+1) : Le lendemain, généralement le matin, je tente un rappel et j'ajuste ma mémorisation pour rajouter des détails au cas où trop d'informations importantes aient disparues.

Rappel 3 (J+2) : Le surlendemain de la mémorisation initiale

Rappel 4 (J+4) : Je laisse un jour entier sans retoucher à l'information, puis je tente un rappel le jour 4

Rappel 5 (J+7) : 7 jours après : une semaine après la mémorisation initiale, je procède au rappel 5

Rappel 6 (J+15) : À ce niveau, l'information est assez solide, je laisse passer 1 semaine pleine et je tente un bref rappel pour voir si tout est toujours bien ancré

Rappel 7 (J+30) : Un mois après la mémorisation initiale. Je fais un bref rappel pour voir si mon information est encore assez présente dans ma mémoire. À partir de là, je peux espacer encore plus et passer encore moins de temps sur les rappels.

COMMENT PROCÉDER À UN RAPPEL DE VOS INFORMATIONS ?

Qu'est-ce qu'un rappel au juste ? Est-ce qu'une simple relecture est considérée comme un rappel ? La réponse est non. Un rappel est une tentative de restitution de l'information. Elle peut être orale à voix haute, elle peut être écrite sur papier ou sur ordinateur, ou bien elle peut être « enseignée » à un public qui n'y connait rien. En tous les cas ce doit être une démarche active et elle doit être suivie d'une confrontation avec la véritable information, pour voir les ajustements à faire.

> Si lors de votre rappel, vous manquez de restituer des informations importantes à la compréhension, vous devrez re-mémoriser les manques et vous adapter. Si vous échouez au rappel 3, n'espacez pas au rappel 4, recommencez la tentative du rappel 3 le lendemain.

CHAPITRE 4

LES TECHNIQUES DE MÉMORISATION QUI CHANGERONT VOTRE VIE

« La mémoire
est le meilleur
appareil photo
qui soit. »

Kevin
Spacey

L'Art de la Mémoire est très ancien. Le premier témoignage de son utilisation remonte à l'époque de la Grèce antique. Simonide de Céos, un poète, avait mémorisé l'emplacement des invités d'un banquet dans un temple. Un jour, celui-ci s'effondra et Simonide fut capable de citer tous les invités qui étaient présents et où ils étaient assis exactement.

Les orateurs célèbres comme Cicéron étaient connus pour délivrer des discours longs, de mémoire. Vous retrouvez des exemples de l'art de la mémoire dans *Rhétorique à Herennius*, un autre ouvrage particulièrement ancien. Les arts de la mémoire ont également été évoqués au Moyen Age mais ont été transformés en une sorte de science ésotérique. À la Renaissance, les arts de la Mémoire refont surface auprès de moines franciscains, dans le théâtre de la mémoire de Giulio Camillo, notamment. Camillo pensait que toutes les connaissances de l'univers pouvaient être contenues dans un simple théâtre en rangeant chaque connaissance à une place précise. Giordano Bruno, un autre frère franciscain du XVIe siècle, confirmait ces découvertes.

L'Art de la Mémoire a été utilisé par les plus grands esprits, dans tous les domaines : Léonard de Vinci, Cicéron, Napoléon, mais également Thomas Edison, Albert Einstein, et de nombreux philosophes. Si l'aspect historique de la mémoire vous passionne, je vous recommande l'excellent ouvrage de Frances Amélia Yates : *L'art de la Mémoire*.

Aujourd'hui, ces arts se tiennent devant vous. Vous allez découvrir les techniques utilisées par les plus grands esprits, et vous allez les adapter à votre situation, vos défis, votre vie. La Mémoire est bien un Art, car vous allez littéralement sculpter votre esprit. Cet art ne doit plus rester secret comme ce fut le cas depuis le Moyen-Âge. À vous de l'utiliser et de le transmettre.

POURQUOI VOUS DEVEZ UTILISER DES TECHNIQUES DE MÉMORISATION

Le XXIe siècle est celui de l'information. Une information abondante, sur tous les thèmes, sur tous les sujets du monde, disponible 24 heures sur 24, toute l'année. Vous pouvez vous former littéralement sur tous les domaines depuis la démocratisation d'Internet, ce qui était beaucoup moins évident avant les années 2000.

Le revers de la médaille est que cette profusion d'informations a tendance à surcharger votre esprit. Il vous est de plus en plus difficile de faire la différence entre les informations utiles et inutiles. Vous devez apprendre plus, dans un temps plus réduit, et vos connaissances doivent très souvent être actualisées si vous voulez rester dans le coup. Sans une bonne mémoire, vous ne pouvez pas tenir sur la durée.

VOTRE SALLE MÉMOIRE EST UNE SALLE D'ATTENTE

Votre cerveau fait le tri chaque soir entre toutes les informations stockées au cours de la journée. Il décide si vos informations sont suffisamment mémorables pour être stockées dans votre mémoire à moyen terme ou si elles peuvent être oubliées.

Il les juge selon ces trois critères :

>> **L'information est-elle utilisée ?**
>> **L'information a-t-elle un sens pour vous ?**
>> **L'information est-elle mémorable ou banale ?**

Avec la profusion d'informations, sa tâche est de plus en plus compliquée. Toutes les informations n'ont pas la même importance, et pourtant, toutes se retrouvent dans la même grande «salle d'attente» qu'est votre mémoire à court terme. Les théorèmes de maths, les procédures d'urgences, les codes à ne pas oublier, les cours etc. se retrouvent au même endroit que le dernier *tweet* d'un groupe que vous suivez, de la vidéo de chats qui ont peur de concombres sur Youtube, de la dernière application à la mode ou encore des résultats des matchs de foot du week-end dernier.

En fait, c'est même pire que cela, car les informations qui ne sont objectivement pas vitales pour vous sont relayées encore et toujours, toute la journée, dans les réseaux sociaux et reprises dans les médias. Votre cerveau est donc confronté à plusieurs répétitions, plusieurs ==utilisations== de ces informations. Cela a pour conséquence de leur donner un statut ==supérieur== inconsciemment, et lorsqu'il devra faire le tri de qu'il pourra garder, il jugera que ces informations devront peut-être accéder à votre mémoire à moyen terme, et peut-être à long terme, tandis qu'à côté, vos cours de biochimie n'auront pas eu autant d'expositions et de rappels!

Avec les techniques de mémorisation, vous allez remettre de l'ordre dans cette fameuse «salle d'attente» de votre mémoire à court terme. C'est comme si vous alliez donner à vos informations importantes un pass d'accès VIP pour aller ==directement en mémoire à moyen terme!== Cela peut clairement faire la différence entre votre réussite et votre échec.

Beaucoup de choses que vous avez besoin de retenir sont complexes et pas spécialement reliées à des épisodes émotionnels pour vous. Elles n'ont pas de sens, ou si peu, et votre cerveau ne l'apprécie guère. Si vous tentez de ==donner du sens== à ce que vous souhaitez mémoriser, cette information sera cataloguée comme «utile» et nécessaire. Si vous ne faites pas l'effort de le faire, en cherchant des exemples ou en cherchant à les raccrocher à quelque chose que vous connaissez déjà, vous les ==oublierez.==

Enfin, votre cerveau ==balayera== une information terriblement banale. Les places d'accès dans votre mémoire à court terme sont chères, et il aura tendance à zapper ce qui est anodin et factuel... comme l'emplacement de vos clés de voiture par exemple!

Utiliser des techniques vous permettra de rendre mémorable ==n'importe quel type d'information,== comme vous allez le découvrir maintenant.

LES TECHNIQUES DE BASE POUR MÉMORISER AU QUOTIDIEN

L'Art de la Mémoire est une immense boite à outils. Vous prenez l'outil le plus adapté selon ce que vous avez à faire. Par exemple, pour planter un clou, vous préférerez prendre le marteau plutôt que la pince. Au cours du livre, vous découvrirez l'ensemble des outils qui vous aideront à avoir une excellente mémoire, mais ici, je veux vous parler des quatre fondamentaux : les techniques qui vous serviront pour mémoriser la plupart de vos informations.

>> **Les associations mentales et les associations en chaîne**
>> **Les voyages**
>> **Le palais de mémoire**
>> **Le système chiffré**

Pour mémoriser une information efficacement, vous devez faire fonctionner votre mémoire différemment. D'habitude, vous la mémorisez *uniquement* de façon directe : vous apprenez l'information en la lisant, puis vous la répétez plus tard. Vous souhaitez ainsi la stocker de la même manière qu'un ordinateur stocke les fichiers.

C'est une erreur, car votre mémoire ne fonctionne pas de cette manière.

Votre cerveau a une mémoire qui ressemble plus à celle d'un bibliothécaire que celle d'un ordinateur. Un ordinateur a effectivement un seul chemin d'accès très direct vers l'information stockée. Un bibliothécaire prend souvent des chemins *dé-*

tournés pour retrouver l'information, ce qui lui permet de la retrouver même quand il oublie le trajet le plus direct. Vous ne vous souvenez plus de cette actrice, mais vous savez qu'elle a joué également dans cet autre film et qu'elle fait la pub de ce parfum aussi. Quel est son nom déjà ? Ça y est, cela vous revient : elle a le même prénom que la fille de votre collègue !

Vous avez pris un « chemin détourné » pour retrouver cette information, vous ne l'avez pas apprise par cœur. Vous n'avez pas fait non plus d'effort particulier, car ==votre cerveau le fait inconsciemment== pour toutes les choses (ou les personnes !) mémorables.

==Tous les jours,== vous associez des informations entre elles. Des dates qui vous renvoient à d'autres dates, un nom qui vous évoque une amie d'enfance, un modèle de voiture qui vous rappelle quelque chose d'autre pourtant sans aucun rapport, une phrase qui vous fait remémorer une tirade de film ou les paroles d'une chanson...

Pour bien mémoriser, vous allez devoir associer ce que vous voulez retenir (l'information difficile) à quelque chose que vous connaissez déjà (l'information stockée dans votre mémoire à long terme). Vous établissez ainsi ce qu'on appelle un « ==crochet de mémoire== ». Vous ne pouvez pas établir ce crochet si vous fonctionnez en mode autopilotage, sans prêter attention à ce que vous souhaitez retenir.

C'est ce que vous allez commencer à faire avec votre première technique.

LA TECHNIQUE DES ASSOCIATIONS MENTALES ET DES ASSOCIATIONS EN CHAÎNE

Parfois, lorsque vous voyez une image, un tas de souvenirs vous reviennent en tête. Une simple phrase vous rappelle une chanson. L'odeur d'une maison ou d'un immeuble peut également vous rappeler des ==émotions== personnelles. Vous avez intérieurement créé toutes ces associations de manière volontaire ou non. Bien souvent, vos associations sont saugrenues et absurdes. ==Une image peut vous rappeler quelque chose qui n'a absolument rien à voir.==

Par exemple, lorsque je vois l'image d'une plage, c'est une plage très précise de Californie qui s'imprime dans mon esprit, et pas une autre. La forme géométrique du losange me rappelle un diamant dans un jeu vidéo bien connu. Lorsque j'entends dans un film que « le temps est compté », j'ai une chanson du groupe Muse qui me trotte dans la tête, etc.

CRÉEZ DES ASSOCIATIONS MENTALES

Si je vous dis « téléphone », peut-être que l'image de votre propre téléphone se matérialisera dans votre esprit. Peut-être qu'il s'agira d'un groupe de musique, ou le fameux téléphone rouge du Président, ou encore autre chose. C'est ça, les associations : un tas d'informations relié à une image, une sonorité, un souvenir personnel...

La bonne nouvelle, c'est que votre cerveau peut faire ces associations pour absolument ==tout ce qui existe==, même le plus abstrait, même pour un tas de cours ou de mots compliqués, d'articles de loi, de formules mathématiques, etc. Avant d'aller plus loin, je vous propose un petit exercice pour vous habituer à créer des associations de manière plus contrôlée et consciente.

Défi >>

Essayez d'associer chacun de ces mots à une image, un son, un souvenir ou un autre mot dans votre esprit. Prenez le temps de bien penser et visualiser vos associations de façon à créer une image précise et forte.

Barricade, pêche, vélo, tapis, sandwich, arbre, planète, magasin de sport, trapèze.

EXAGÉREZ VOS IMAGES

Maintenant que vous savez associer n'importe quel type de mot à une image, un son ou une scène dans votre esprit, il vous faut rendre votre association mentale mémorable. Pour cela, vous devez la déformer, l'exagérer, voire la rendre absurde.

Imaginez que vous deviez retenir le mot « ballon ». Ne vous contentez pas d'imaginer un simple ballon. Déformez cette image banale pour mémoriser un ballon mémorable. Imaginez plutôt un ballon de taille énorme, pourquoi pas un ballon de 3 m de diamètre, rose, ou bien une pyramide constituée de ballons. Ou encore, imaginez un ballon en chocolat au sommet d'un gâteau. Ces images sont suffisamment insolites pour être mémorables. Plus tard, lorsque vous devrez mémoriser des concepts vraiment difficiles, vous devrez être capable de créer des associations solides en exagérant vos images.

Défi >>

Créez des associations insolites, exagérées et/ou drôles avec les mots suivants :

Miroir, fauteuil, verdure, statue, politique.

DONNEZ DU MOUVEMENT !

Un point crucial : une image en mouvement est beaucoup plus mémorable qu'une image statique. Et votre imagination va devoir travailler un peu pour animer même les choses qui ne sont pas censées bouger ! Vous devez par exemple être capable de faire se déplacer des maisons, des poteaux électriques, des marteaux, des voitures sans roues etc.

> Une petite astuce pour faire bouger ce qui est normalement immobile : imaginez deux bras et deux jambes autour de votre objet. Un marteau avec deux bras et deux jambes est tout à fait capable de danser à présent (comme Walt Disney l'a déjà largement démontré) !

Défi >>

Imaginez les objets suivants dans votre salon :

Maison, fourchette, table, téléphone portable, photocopieuse, capot de voiture.

Pour chaque objet, imaginez-le en mouvement dans votre salon, comme s'il était vivant, ou comme si quelqu'un le lançait. Mettez beaucoup d'application à réaliser cet exercice avec succès.

UTILISEZ VOS 5 SENS

Une des façons les plus puissantes de créer des associations mémorables est de faire appel à vos 5 sens. Depuis quelques paragraphes je vous parle beaucoup d'images, mais sachez imaginer les bruits, les sensations au toucher, les impressions, et peut-être même les odeurs de ce que vous cherchez à associer mentalement.

> **Défi >>**
>
> Pour chacun de ces objets, essayez d'imaginer ses bruits, ses sensations au toucher, ses odeurs, son goût en plus de les visualiser dans votre esprit.
>
> **Une orange, le vent, une planche de bois, un gâteau au chocolat, l'espace.**
>
> Prenez votre temps, cet exercice est un peu plus difficile mais efficace pour créer des associations fortes plus rapidement !

CRÉEZ DES ASSOCIATIONS POUR LES MOTS ET LES NOTIONS DIFFICILES

Vous arrivez au dernier niveau des associations mentales. Elles vous demanderont peut-être un peu plus d'efforts mais ce sont les plus intéressantes car ce sont celles qui vont vous permettre de mémoriser les mots et les concepts difficiles à retenir dans votre travail ou vos études. Maintenant que vous avez passé avec succès les exercices précédents, vous êtes mieux armé pour réussir à associer même ces mots et ces notions.

La technique reste la même, mais vous devrez parfois faire tourner en boucle ces mots en tête jusqu'à ce que votre cerveau vous propose une association mentale.

> **Exemple :**
>
> Imaginez que vous deviez mémoriser le mot « nonobstant ».
> Peu importe pour quelle raison, il faut impérativement que vous créiez une association mentale pour ce mot. Le problème est que c'est un mot un peu abstrait, qui n'évoque rien, mais qui veut bien dire quelque chose. Vous vous passez donc ce mot en boucle dans votre esprit : « nonobstant, nonobstant, nonobstant, etc. ». Lorsque je fais cet exercice, le mot « Nono » me revient en tête. Je pense à Nono le petit robot (dessin animé Ulysse 31). J'imagine le petit robot rouge danser (n'oubliez pas que le mouvement rend les associations mentales plus fortes). Il manque « bstant » mais ce n'est pas grave. La clé d'accès, le crochet mémoriel, est créée. Le simple fait d'avoir une image pour « Nono » suffira pour que je me souvienne de « nonobstant ».

> **Autre exemple :**
>
> parfois vous aurez en tête quelque chose d'autre dont la sonorité ressemble au mot que vous devez mémoriser, mais est un peu différente. Par exemple, en faisant tourner dans votre tête le nom propre composé « Rhône-Alpes » pour créer une association, le mot « Ronald » peut vous venir en tête. Ronald, célèbre chaîne de fast-food, peut être une bonne suggestion d'association. Même s'il n'y a au fond qu'une syllabe en commun, il n'en reste pas moins que l'association est forte.

Défi >>

Créez des associations mentales pour chacun des mots complexes pour la liste suivante :

Mitochondrie, balbutiements, rétrovirale, chamarré, callipyge, acétylcystéine, Canberra, Monsieur Echebechigarai.

À vous de jouer maintenant !

LA TECHNIQUE DES ASSOCIATIONS EN CHAÎNE

Maintenant que les associations mentales n'ont plus de secrets pour vous, vous pouvez commencer à créer des associations en chaîne. Elles vont vous permettre de mémoriser beaucoup plus de choses d'un coup, et peuvent déjà à elles seules vous faire passer pour un prodige de la mémoire, en plus d'être très pratiques au quotidien.

Vous allez à présent découvrir la puissance de votre mémoire.

Je vais vous proposer une liste de 20 mots que vous allez être caple de mémoriser. Pour chaque mot, vous allez créer une association imagée. À la différence que vous allez relier chacune d'entre elles à la suivante et à la précédente de manière à créer une chaîne.

Exemple :

Imaginez que vos 3 mots à mémoriser soient :

téléphone / glu / confiture.

Vous commencez par créer une image pour « téléphone ». Tout en prenant garde à bien suivre mes recommandations pour créer une association forte, vous décidez d'imaginer un ancien téléphone noir géant, avec les anciens cadrans numérotés. Du combiné coule de la glu malodorante et épaisse (glu). Cette glu tombe dans un pot ouvert de confiture de fraises. (Confiture). Prenez le temps de visualiser cette scène dans votre esprit.

Cette petite histoire relie bien chaque image à la suivante et à la précédente. C'est ce qu'on appelle une chaîne d'associations.

Une fois que vous avez bien compris cet exemple, je vous propose de le mettre en pratique dès maintenant.

Défi >>

Créez une histoire absurde grâce à la technique des associations en chaîne avec la liste des 10 mots suivants :

Statue de la liberté/dragon/ samouraï/choucroute/tour Eiffel/ tasse de thé/Poutine/ballon/ gondole vénitienne/feuille d'érable.

Vous y êtes arrivé ? Félicitations ! Vous venez de mémoriser la liste des dix pays les plus riches du monde ! Les mots sont des images symboles que vous auriez pu choisir pour les pays :

États-Unis, Chine, Japon, Allemagne, France, Angleterre, Russie, Brésil, Italie, Canada.

La technique des associations en chaîne est redoutable pour mémoriser des listes. Cela tombe bien, car si vous y prêtez attention, vous verrez que votre vie est remplie de « listes ».

Essayez par exemple de mémoriser la liste des courses suivante, toujours en utilisant votre toute nouvelle technique :

Lait/farine/eau/salade/pâtes/ampoule/dentifrice/café/kiwis/ jambon/fromage/chocolat/beurre/pei-gne.

Prenez votre temps en constituant bien une chaîne entre les associations que vous aurez choisies. N'oubliez pas de déformer vos images, attention aux évidences ! Cet exercice demande un peu d'efforts au début, c'est tout à fait ==normal==.

Si vous parvenez ensuite à retrouver tous les éléments de la liste, félicitations, car normalement ==votre mémoire de travail ne peut contenir que 7 éléments simultanément==, et vous venez d'en retenir le double ! Tout résultat au-dessus de 7 est donc très encourageant, mais si vous n'y êtes pas arrivé ce n'est pas grave, cela veut simplement dire que vous avez voulu aller ==trop vite== en créant vos images.

Cette technique est fondamentale, et je vous montrerai comment l'utiliser au cours de nombreuses applications très utiles dans les 2e et 3e parties du livre.

Vous allez maintenant découvrir votre deuxième technique de mémorisation, extrêmement puissante et qui devrait ==à elle seule== changer radicalement vos idées sur la mémoire et l'apprentissage !

LE VOYAGE, LA PLUS PUISSANTE DES TECHNIQUES DE MÉMORISATION

SIMONIDE DE CÉOS

Simonide de Céos était un poète de la Grèce antique (556 avant J-C) qui est reconnu comme étant le premier homme à utiliser une technique de mémorisation. Il vivait en Thessalie, au sein d'une famille aristocratique, à la cour des princes. Il avait pour habitude de chanter et de composer des poésies dans les banquets. C'est au cours de l'un d'entre eux qu'une catastrophe eut lieu un jour. Le toit de la salle s'écroula sur toutes les convives, écrasant tout le monde au passage. Simonide fut le seul survivant. Il fut capable de se remémorer) qui était présent lors de ce banquet et quelle était la place exacte de chaque invité dans la salle.

Par la suite, Simonide fut vainqueur à 56 reprises du concours des dithyrambes (hymnes religieux chantés), notamment parce qu'il « visualisait » plus qu'il récitait ses vers, selon la légende. Simonide n'avait pas de don. En réalité, il sollicitait une autre partie de son cerveau : celle habituellement consacrée à la mémoire des lieux.

LE PRINCIPE

La mémoire des lieux est parmi les plus puissantes de vos mémoires. Vous n'avez pas besoin d'être présent chez vous pour vous souvenir où se trouve chaque pièce, dans quel ordre, et où se trouvent vos meubles et équipements électroménagers. Vous les connaissez à tel point que vous pouvez y naviguer mentalement. Il en va de même pour beaucoup de trajets que vous effectuez et qui se relient très vite à votre mémoire à long terme. Il vous suffit de parcourir un trajet une ou deux fois pour le mémoriser en grande partie. Vous savez quels lieux vous croisez lorsque vous vous rendez au supermarché, ou à votre lieu de travail, que vous preniez le bus, la voiture, ou que vous soyez à pieds. À moins d'un accident qui vous provoque des séquelles neurologiques importantes, cette partie de votre mémoire est particulièrement ==fiable==.

L'idée de la technique du voyage est d'associer les informations que vous voulez retenir à des lieux ou à des «points de passage» que vous connaissez déjà. C'est un peu comme si vous décidiez de relier vos informations ==directement à votre mémoire à long terme==. La puissance de cette technique est telle que beaucoup qui l'essaient se retrouvent choqués et surpris.

CRÉEZ VOTRE PREMIER VOYAGE

Vous allez maintenant créer votre premier «voyage». C'est un grand mot qui veut tout simplement dire que vous allez choisir une séquence de lieux dans un ordre logique pour vous. D'un point de départ à une arrivée. Pour votre premier voyage, l'évidence est que vous preniez les endroits que vous connaissez le mieux : chez vous ! Vous pouvez prendre directement des pièces de votre appartement, ou des meubles etc. Vous pouvez même sortir de chez vous, traverser les murs, les planchers, aller chez le voisin...

Tant que la séquence que vous prenez est ==logique à vos yeux==, elle sera ==efficace==.

> **Exemple :**
>
> Je vais prendre un «voyage» composé de 10 lieux (ou points de passage) que je fais tous les jours en me levant :
> je me lève dans ma chambre (lieu 1), je vais dans la salle de bain (lieu 2), puis dans le salon (lieu 3), puis dans la cuisine (lieu 4), puis dans le hall d'entrée (lieu 5), le couloir de l'allée (lieu 6), la cage d'escalier (lieu 7), le hall d'entrée de l'immeuble (lieu 8), le parc de l'immeuble (lieu 9) et la rue voisine (lieu 10).

Ces 10 étapes forment une séquence logique dans mon esprit, et je n'ai pas besoin de me rendre sur les lieux pour savoir dans quel ordre ils s'enchaînent. J'aurai pu également prendre plus de points de passages pour augmenter le nombre de lieux. Par exemple, puisque je commence le voyage dans ma chambre, plutôt que d'aller directement dans la salle de bain, je peux décider de décomposer ma chambre en plusieurs lieux. Le lieu N°1 pourrait être le lit, puis le radio réveil (N°2), puis l'étagère de ma bibliothèque (N°3) avant d'enchaîner sur les meubles de la salle de bain, puis du salon etc. Ces lieux gardent la même séquence logique à mes yeux (je pars de ma chambre pour aller vers la salle de bain) et je pourrai par la suite caser beaucoup plus d'informations.

Avant d'aller plus loin, procédez à l'exercice suivant :

Défi >>

Créez un voyage de 10 étapes en choisissant 10 lieux qui forment une séquence logique pour vous. Vous pouvez traverser les murs ou les planchers mentalement. Tant que l'ordre de vos lieux est logique pour vous et qu'il ne fait aucun doute, cela fonctionnera très bien. Passez mentalement en revue vos 10 lieux ainsi choisis, comme si vous vous téléportiez. Passez-les dans l'ordre, puis dans le sens inverse pour voir si tous vos lieux vous reviennent.

MÉMORISER AVEC LA TECHNIQUE DU VOYAGE

Maintenant que vous avez votre premier voyage, vous pouvez ==associer à vos lieux== des informations que vous souhaitez retenir à long terme. Vous devez créer une association mentale (voir chapitre précédent) pour chaque élément et la relier mentalement au lieu que vous avez choisi.

> **Exemple :**
>
> Imaginez que vous souhaitiez retenir la liste d'éléments suivants :
>
> **Girafe, bouteille, marteau, statue, bol, cloche, calculatrice, livre, cornemuse, bus**

Mon premier lieu est ma chambre. Je dois y relier le premier élément de ma liste : la girafe. J'imagine une girafe rose (mémorable) en train de manger les couvertures de mon lit. Cette scène relie mon lieu à mon premier élément et est ainsi mémorable. Mon deuxième lieu est la salle de bain. Le deuxième item de la liste est la bouteille. J'imagine le robinet de ma salle de bain en train de remplir une bouteille de Coca géante. Je prends le temps de visualiser cette scène. Mon troisième lieu est le salon. L'élément suivant à retenir est un marteau. J'imagine un lanceur de marteau des jeux olympiques faire son lancer contre ma télévision. Cette image est mémorable et plus amusante que l'association trop évidente du marteau de la trousse à outils ! Je continue mon parcours pour arriver sur mon quatrième point de passage : la cuisine. Je dois retenir l'élément statue. J'imagine une statue d'Apollon en train de préparer des crêpes sur mes plaques de cuisine. Pour le cinquième lieu (mon hall d'entrée), je dois mémoriser l'item : bol. J'imagine qu'à la place de mon meuble d'entrée se trouve un bol géant rempli de mes chaussures. Je n'ai plus qu'à fouiller et faire mon choix, même si c'est un peu encombrant et pas vraiment pratique ! Notez que j'aurais également pu imaginer Jeanne d'Arc frappant à ma porte d'entrée dans le hall, comme si elle voulait sortir. Pourquoi Jeanne d'Arc ? Parce que j'ai une image d'elle avec la coupe... au bol. Vous n'êtes pas obligé de prendre à chaque fois l'image la plus évidente pour ce que vous voulez retenir. Tant que cela fonctionne pour vous, ==cela vous reviendra==! Que se passe-t-il dans mon sixième lieu : le couloir de l'allée de l'immeuble ? Une cloche retentit. C'est celle qui sonnait tous les dimanches dans le village où je passais mes vacances quand j'étais petit. Le son fait trembler les murs du couloir. Ici, c'est un exemple d'association qui est plus basée sur le son que l'image, pour vous montrer qu'il n'y a pas forcément que les images dans la mémorisation ! Ici, dans ce cas, pour ma part, le son de la cloche est plus puissant dans ma mémoire qu'une simple image de cloche.

Dans la cage d'escalier (septième lieu), je dois retenir «calculatrice». J'imagine que les marches d'escalier sont en fait des touches de calculatrice et que la porte de l'étage est l'écran. Ici je transforme le lieu en y intégrant totalement l'information que je dois retenir. Tout est possible! Vous êtes **l'architecte de votre mémoire** et vous serez surpris de constater à quel point vous pouvez rendre la technique du voyage flexible. Mon huitième lieu est le hall d'entrée de l'immeuble, avec toutes les boîtes aux lettres. Je dois mémoriser un livre. Pourquoi un seul livre? J'imagine une multitude de livres déborder des boîtes aux lettres et s'écrasant par terre dans l'entrée. Je n'ai plus qu'à imaginer une troupe d'Écossais en train de jouer de la cornemuse assis sur les bancs du parc à côté de mon immeuble (neuvième lieu) et un bus londonien (mémorable) s'écraser contre un poteau de la rue de mon dixième et dernier lieu (mouvement).

Au travers de ces exemples, je vous ai donné des pistes pour créer des associations mémorables. Peut-être même que sans revenir en arrière dans votre lecture vous êtes **déjà** capable de vous souvenir de bon nombre d'images?

LES 3 RÈGLES D'OR POUR QUE VOS VOYAGES FONCTIONNENT

Pour que la technique du voyage fonctionne, vous devez respecter ces quelques «règles».

1 >> **Il est important de créer des associations en mouvement dans les lieux que vous avez choisis. Des images immobiles ont tendance à être moins mémorables;**

2 >> **Il est crucial que vos images interagissent avec l'environnement (le lieu). Cette interaction est comme la glu qui fixe ce que vous avez à retenir (l'élément) avec votre mémoire à long terme (vos lieux);**

3 >> **Prenez bien le temps de créer vos associations et n'oubliez pas d'utiliser vos 5 sens pour vous aider à créer des scènes plus fortes. Plus tard, lorsque vous maîtriserez bien cette technique, vous irez naturellement beaucoup plus vite, mais avant cela, sachez qu'il est normal que vous y passiez un peu de temps.**

À VOUS DE JOUER !

Vous savez comment créer une association mentale rien qu'en observant un mot écrit. Vous avez choisi un voyage (une séquence de lieux logique pour vous). Il vous reste à mettre en pratique !

> **Défi >>**
>
> Mémorisez dans l'ordre la liste des 10 éléments suivants dans le voyage que vous avez créé en respectant les 3 règles d'or.
>
> **Une poupée russe/ un caribou / La maison blanche / Un dragon / la samba / un kangourou / Un cochon d'Inde / Une montre en argent / un cavalier avec une casaque bleue / Algèbre**

Ça y est, c'est fait ? Sans regarder la liste, passez en revue chacune des étapes de votre voyage. Parvenez-vous à retrouver chaque association mémorisée ? Si ce n'est pas le cas, pas de panique, cela veut simplement dire que vous n'avez pas créé d'image assez forte dans votre esprit ou que vous avez négligé une des 3 règles d'or. Si en revanche vous y êtes arrivé, je vous félicite, car vous venez de mémoriser d'une traite, et avec une seule répétition la liste des pays les plus grands du monde. Chacune de ces images peut être un symbole des pays suivants : Russie, Canada, Etats-Unis, Chine, Brésil, Australie, Inde, Argentine, Kazakhstan, Algérie !

Vous venez de pratiquer avec succès les bases de la technique du voyage. Découvrez maintenant comment aller beaucoup plus loin…

AUGMENTER LA TAILLE DE VOS VOYAGES

Vous pourriez penser que la technique du voyage est limitée et qu'au bout d'un moment votre mémoire ne se souvienne plus de ce que vous y mettez. En fait c'est faux ! Les lieux que vous choisissez sont déjà stockés dans votre mémoire à long terme. Ils vous aideront à retrouver facilement l'information. Si vous choisissiez une centaine de lieux, vous retrouveriez une centaine d'informations stockées. Vous pouvez agrandir vos voyages à l'infini, tant que vous connaissez des lieux. Tout peut former un voyage. Il n'y a pas forcément besoin de prendre des lieux réels, vous pouvez utiliser des cartes de jeux vidéo, des paysages de fiction, comme ceux décrits dans le seigneur des anneaux, et vous pouvez prendre des lieux que vous ne connaissez pas parfaitement, comme la maison de cet ami chez qui vous êtes allé une fois ou deux. Vous n'avez pas besoin de maîtriser à la perfection, et de façon consciente ces lieux.

> **Défi >>**
>
> Prenez le voyage de 10 étapes que vous avez créé. En prenant ce même voyage, portez son nombre d'étapes (ou lieux) à 24. Pour ce faire, vous pouvez continuer votre voyage au-delà de votre dernière étape, ou le commencer avant votre première étape. Vous pouvez également rester dans les mêmes lieux, mais ajouter des points de passage. Faites en sorte de créer un voyage de 24 étapes. Une fois réalisé, essayez de mémoriser ces 24 éléments en respectant les règles d'or de la technique du voyage et des associations mentales. Prenez votre temps, vous allez être surpris :
>
> **Docteur / un baiser / une main en or / un orage/ 2 cœurs / la reine d'Angleterre / des diamants / un cercueil avec une plante qui pousse dessus / un pistolet en or / un espion avec un bouquet de fleurs / Michael Jackson faisant du moonwalk / des jolis yeux / une pieuvre / un panneau danger / un crâne et un jouet / un permis de conduire / un globe en or / un calendrier avec la date du lendemain encerclée / la planète Terre / la mort avec une horloge / une roulette de casino / une formule de physique quantique / la radio Skyrock / un fantôme**

Avez-vous placé ces 24 éléments dans votre voyage de 24 étapes ? Sans regarder, combien en avez-vous retenu ? Vous venez de mémoriser la liste des 24 films de James Bond, dans l'ordre. Les éléments de l'exercice sont des associations possibles pour les titres des 24 films de James Bond depuis 1962 : *James Bond contre Dr No, Bons baisers de Russie, Goldfinger, Opération tonnerre, On ne vit que deux fois, Au service de sa majesté, Les diamants sont éternels, Vivre et laisser mourir, L'homme au pistolet d'or, L'espion qui m'aimait, Moonraker, Rien que pour vos yeux, Octopussy, Dangereusement vôtre, Tuer n'est pas jouer, Permis de tuer, Golden eye, Demain ne meurt jamais, Le monde ne suffit pas, Meurs un autre jour, Casino Royale, Quantum of Solace, Skyfall, Spectre.*

Les images que je vous ai demandé de placer dans votre voyage sont celles que j'aurai prises pour mémoriser la liste des films de James Bond. Elles sont là pour vous inspirer et pour vous montrer que vous n'avez **pas besoin de créer des associations très compliquées** pour mémoriser une telle liste.

RECOMMANDATIONS POUR CRÉER DES VOYAGES MÉMORABLES

Au fur et à mesure que vous allez augmenter la taille de vos voyages (et vous le ferez, car vous aurez besoin de mémoriser de plus en plus de choses) vous devrez prendre garde à suivre quelques recommandations lors de leur création.

>> PRENEZ DES POINTS DE PASSAGE SUFFISAMMENT DIFFÉRENTS

Si vous décidez de prendre des lieux familiers mais qui se ressemblent, faites attention à bien prendre des détails distinctifs. C'est souvent le cas lorsque vous prenez des lieux comme les hôtels ou les écoles où toutes les salles se ressemblent. Afin d'éviter les confusions, vous devrez rendre chaque point de passage **unique et vraiment distinctif.**

>> ATTENTION À L'ESPACEMENT DE VOS POINTS DE PASSAGE

Lorsque vous manquez d'expérience, je vous déconseille de choisir des points de passages qui sont extrêmement rapprochés, comme chaque livre d'une étagère par exemple. Il est préférable de les espacer **d'au moins 50 cm dans la réalité,** afin d'éviter à votre cerveau d'en oublier un des deux. Avec l'expérience, plus tard, vous pourrez en caser plus et en choisir des plus rapprochés. À l'inverse, ne les éloignez pas trop non plus, sinon vous allez vous demander si vous n'en avez pas oublié en route. Essayez de garder une cohérence dans vos espacements, surtout lorsque vous décidez à un moment dans votre voyage de prendre un mode de transport...

Vérifiez vos voyages

> Avant d'utiliser vos voyages, vérifiez **toujours** que vous avez tous vos lieux. Si vous avez tendance à zapper un ou deux points de passage, c'est peut-être que vous devez passer plus de temps à la création de votre voyage.

>> PRÉFÉREZ LA LUMIÈRE

> Les lieux sombres sont moins mémorables que les lieux **lumineux.** Rien de dramatique, mais évitez de sélectionner trop de points de passages d'affilée dans les lieux vraiment très sombres comme les caves ou les greniers, ou bien les scènes de nuit.

>> N'AYEZ PAS PEUR DES LIEUX DU PASSÉ

> Même si vous avez déménagé ou si vous n'allez plus en vacances aux mêmes endroits, vous pouvez tout à fait reprendre des lieux du passé en tant que voyages. Vous verrez qu'ils ont **la même force dans votre mémoire,** pour peu que vous les rappeliez une fois ou deux avant de vous lancer à y attacher des informations.

CINQUANTE IDÉES DE VOYAGES POUR STOCKER VOS INFORMATIONS

Vous avez un peu de mal à créer vos premiers voyages ? Vous pensez que vous manquez d'imagination ? Voici cinquante idées de voyages pour mémoriser tout de suite et pour vous donner des idées. Vous allez vous rendre compte que tous les trajets peuvent vous servir, même les plus anodins. J'en utilise certains au quotidien.

1- Le trajet de votre **domicile** à votre **travail/école**.
2- La **rue piétonne** de votre ville, ou la vieille ville.
3- Une galerie de **centre commercial** (avec l'ordre des boutiques, les fontaines, etc.).
4- La **piscine municipale** : de l'entrée au plongeoir, de quoi mettre beaucoup d'étapes.
5- De la **gare** au **centre-ville**.
6- La **gare** elle-même.
7- Votre **lieu de travail** ou votre école.
8- Le **parc** de votre ville. Si le parc est trop petit, ajoutez le **trajet** pour vous y rendre.
9- Le **stade** ou tout autre complexe sportif.
10- Un **Ikea** ou tout autre magasin bien rempli de meubles.
11- Un **parc d'attraction** (Eurodisney, parc Astérix, Futuroscope etc.).

12- La **maison** de votre meilleur(e) ami(e).

13- La **route des vacances** (un voyage qui peut être vraiment gigantesque).

14- Le **lieu de vacances** que vous avez aimé (servez-vous des photos pour vous remémorer).

15- Un **lieu virtuel** comme le monde de Minecraft, World of Warcraft ou tout autre jeu vidéo.

16- Un **zoo**.

17- Votre **ville** dans sa globalité, du nord au sud (là-aussi ça peut être gigantesque !).

18- Des **lignes de métro** ou de transport en commun.

19- Le **tour de votre quartier** en passant par la boulangerie, le bar, la place etc.

20- Un **musée**.

21- Un **multiplexe** ou un cinéma de quartier.

22- L'**autoroute** pour aller dans les villes voisines (avec les aires de repos comme lieux possibles).

23- N'importe quel **voyage en train**.

24- De votre **chambre à coucher** jusqu'à la **boîte aux lettres**.

25- Un **aéroport** : du parking jusqu'à votre place d'avion.

26- **Paris** et une séquence de lieux touristiques.

27- *Into the Wild* ou n'importe quel road movie (vous vous servez des chapitres comme points de passage).

28- N'importe quelle **balade en forêt** ou promenade du dimanche.

29- Un **cimetière** ou le trajet pour y aller.

30- Votre **pause-déjeuner** : le trajet pour aller à la cantine, la cantine, les alentours etc.

31- La **bibliothèque municipale**.

32- Une **boîte de nuit**.

33- Un voyage **que vous n'avez pas encore accompli** mais qui vous motiverait.

34- Un **supermarché** (attention à bien prendre des points distinctifs).

35- De chez **votre médecin** à l'**hôpital** (ou un de ces deux lieux en entier).

36- La grande tournée de **votre famille** : vous reliez chaque maison de votre famille dans un voyage, on y revient plus en détails dans le chapitre suivant sur le palais de mémoire.

37- Un lieu **que vous avez dessiné**, même s'il est inventé.

38- Tous les chiffres de **00 à 99** (on y revient dans le chapitre sur la mémorisation des nombres).

39- Vos **restaurants** préférés.

40- La mairie, la préfecture ou n'importe quel **bâtiment administratif**.

41- N'importe quel **trajet de défilé**, manifestation, tour de France etc.

42- Les **anciens lieux** ou les anciens trajets : ils sont encore très présents dans votre esprit, même des années après.

43- Les lieux des **séries TV**. Vous les voyez tellement souvent que vous en venez à les connaître parfaitement.

44- Un **hôtel** ou une maison d'hôte où vous avez séjourné.

45- Votre **propre corps** (normalement, vos membres et vos os ne bougent pas beaucoup de place !).

46- Les **Grands Prix de Formule 1** si vous êtes fan, ou tout autre circuit sportif.

47- Un **paquebot**, un **avion de ligne**, un **train** en entier

48- Un **lieu de culte**.

49- N'importe quel **lieu public dans une autre ville que la vôtre** et que vous appréciez.

50- L'**alphabet**. Les lettres forment un voyage de 26 étapes qui n'ont pas bougé de place depuis que vous connaissez leur ordre.

Sur ce dernier voyage (l'alphabet) vous pouvez associer chaque lettre à une image, comme exemple ci-après. Il vous reste à associer chacune de ces images à ce que vous souhaitez retenir et le tour est joué.

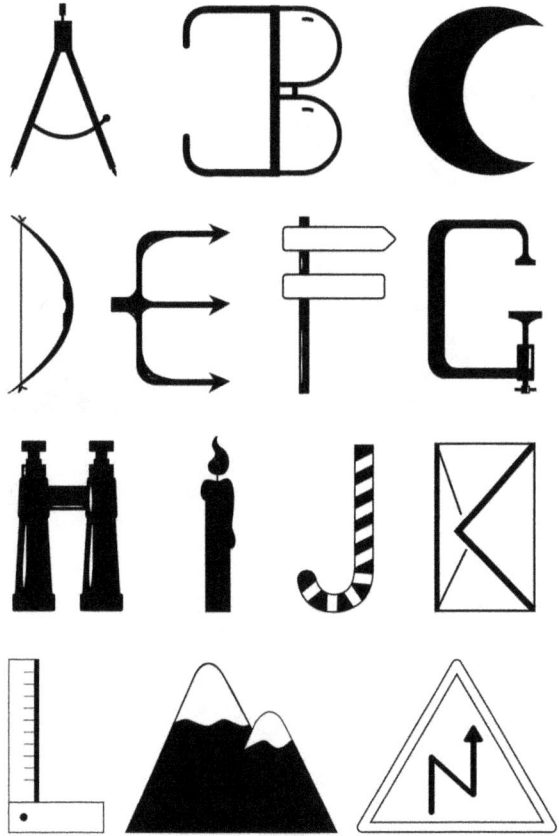

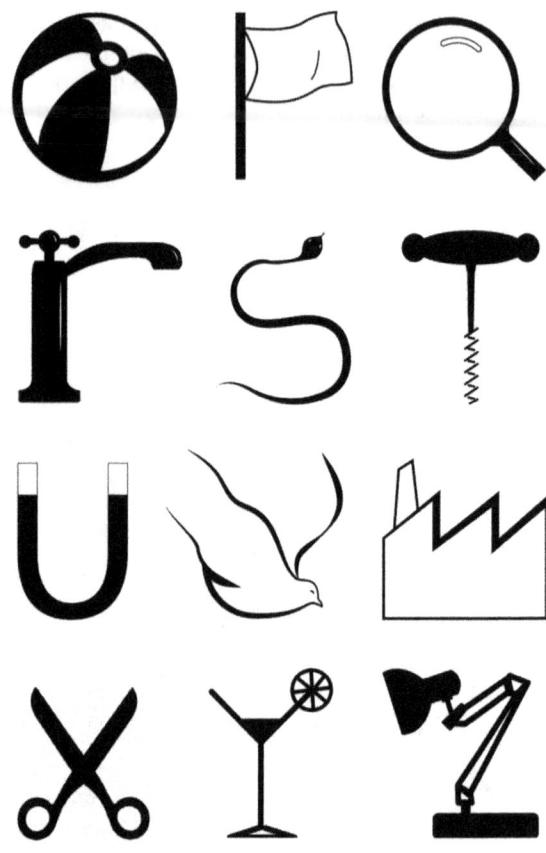

L'un des meilleurs moyens de mémoriser un voyage que vous ne maîtrisez pas parfaitement consiste à le dessiner ou le lister directement.

À présent, vous allez découvrir comment créer un palais de mémoire : un outil vraiment puissant lorsque vous avez énormément d'informations à retenir.

LE PALAIS DE LA MÉMOIRE

UNE TECHNIQUE MYTHIQUE

Vous avez peut-être déjà entendu des références à cette technique, que ce soit dans certaines séries télévisées à succès, ou dans des livres, ou encore par des acteurs ou des magiciens, mentalistes etc. Imaginez que vous soyez capable de vous téléporter n'importe où dans votre mémoire pour pouvoir rechercher directement l'information que vous voulez. Imaginez que vous puissiez stocker vos données à l'infini. C'est exactement ce que permet de faire le palais de mémoire, qui est une extension de la technique du voyage.

QUAND UTILISER LE PALAIS DE MÉMOIRE ?

Vous pourriez très bien vous en passer et n'utiliser que des voyages ponctuellement, comme vous pourriez très bien avoir besoin d'en créer à la chaîne. Tout dépend de vos affinités avec la technique, de vos besoins et de votre volonté. De manière générale, je vous recommande d'utiliser le palais de mémoire lorsque vous avez besoin de mémoriser des types d'informations différentes sur le long terme. Plutôt des données sémantiques (des informations sur le monde, ou des informations que vous voulez graver à vie). Les informations ponctuelles ne nécessitent pas de palais.

COMMENT CRÉER VOTRE PALAIS DE MÉMOIRE

Considérez qu'un palais de mémoire est un ensemble de voyages (voir technique précédente) qui se touchent et qui communiquent entre eux.

> **Exemple :**
>
> Votre voyage autour de votre domicile s'achève. Vous arrivez mentalement à votre dernier point de passage. Vous vous téléportez mentalement dans un autre voyage, même si ce dernier n'a rien à voir avec votre domicile ou se situe à des milliers de kilomètres. C'est un peu comme un jeu de construction mental dans lequel vous attachez des pièces entre elles. Ces pièces sont vos voyages.
>
> La première étape pour un palais de mémoire suffisamment grand est d'avoir une collection de voyages déjà prête.

Défi >>

Créez 10 voyages de 20 étapes. Notez chaque étape dans un cahier ou un fichier texte. Chacun de ces voyages doit pouvoir être considérablement étendu si un jour vous avez besoin de rajouter des étapes. Cet exercice peut être long, mais il est indispensable si vous voulez maîtriser la technique. Ensuite, reliez mentalement les voyages entre eux comme s'ils formaient une suite logique. Pour ce faire, il vous suffit simplement de vous visualiser en train de franchir chaque étape. Prenez votre temps !

VOUS ÊTES UN ARCHITECTE

Vous avez maintenant à votre disposition 200 étapes (10 fois 20 étapes), qui peuvent être étendues au besoin. Vous pouvez commencer à remplir votre palais ainsi créé par des choses qui vous sont importantes à mémoriser. Par exemple, si parmi vos 10 voyages vous en avez choisi un autour de votre domicile, vous pourrez décider d'y stocker toutes les informations relatives à votre domicile ou votre vie quotidienne. Si vous avez choisi votre lieu de travail, vous pourrez y stocker toutes les données importantes à propos de votre travail. Un complexe sportif pourrait très bien accueillir vos associations mentales à propos des sports et loisirs, etc.

En temps normal, votre mémoire est comme un entrepôt gigantesque où toutes les informations s'empilent les unes sur les autres de façon chaotique. En créant un palais, vous devenez l'architecte de votre propre mémoire, et vous augmentez considérablement la solidité de vos informations importantes, et votre rapidité de restitution.

Par exemple, si on vous pose une question sur les règles au travail, vous savez où chercher. Vous avez classé l'information dans votre voyage autour de votre lieu de travail, alors qu'en temps normal, vous seriez en train de chercher mentalement une aiguille dans une botte de foin.

> **Défi >>**
>
> Assignez mentalement à chacun de vos voyages une des dix catégories d'informations suivantes :
>
> | | |
> |---|---|
> | **La vie quotidienne** | **L'histoire** |
> | **Le travail ou l'école** | **Les sports et loisirs** |
> | **Les sciences** | **La littérature** |
> | **La géographie** | **La nourriture** |
> | **Les célébrités** | **La famille et les amis** |
>
> Peu importe que vos choix de catégories ne correspondent pas au voyage que vous avez créé. Il est facile de se dire que tout ce qui concerne le travail est classé dans votre voyage sur votre lieu de travail, et que la famille et les informations sur la famille et les amis sont dans le voyage autour de chez vous. Il est plus difficile de trouver un voyage correspondant à « géographie » ou « histoire ». Ce n'est absolument pas grave. Déterminez arbitrairement s'il le faut. Si la catégorie Science se trouve dans votre voyage sur les parcs d'attraction, qu'il en soit ainsi. Cela n'aura pas d'incidence sur la suite.

STOCKER DES INFORMATIONS DANS VOTRE PALAIS FLAMBANT NEUF

Votre palais de mémoire est tout neuf. Vos dix voyages correspondent à 10 grands thèmes d'informations que l'on retrouve souvent. Bien sûr, si l'un des thèmes que je vous propose ne vous plaît pas ou vous sera complètement inutile, vous pouvez l'éradiquer et choisir une autre catégorie à la place. Si vous avez besoin de plus de thèmes disponibles (un par cours à apprendre, par exemple) vous pouvez créer des voyages supplémentaires.

Vous savez créer des associations mentales fortes, vous savez les relier à des lieux mémorables. Vous êtes prêt à commencer à remplir votre palais de mémoire !

> **Défi >>**
>
> Associez chaque élément à la première étape respective de chaque voyage constituant votre palais de mémoire :
>
> **Un fer à repasser / Napoléon / Votre supérieur hiérarchique, ou un prof (de votre choix) / Une Formule 1 / Un bonzai / Le livre des records / La Nouvelle-Angleterre (il va peut-être vous falloir ouvrir une page Wikipedia !) / Une pizza / Votre célébrité préférée / Votre maman**
>
> Au début de chacun de vos 10 voyages, vous avez donc un des éléments de la liste mémorisé. Laissez passer la journée (ou la soirée) sans revenir sur l'exercice, puis essayez de vous remémorer l'ensemble des 10 éléments.

Vous y êtes arrivé ? Bravo ! À présent, vous allez découvrir les choses surprenantes qui se passent dans votre palais au bout d'un moment...

VIE, MORT, ET DÉMÉNAGEMENT DES « RÉSIDENTS » DE VOTRE PALAIS

Les voyages qui forment votre palais de mémoire vont très vite se retrouver remplis à ras bord, surtout si vous avez une masse d'informations en continu à retenir. C'est pour cela que je vous préconisais de choisir des lieux facilement extensibles. S'ils ne le sont pas, sachez que vous pouvez tout simplement créer des extensions imaginaires à des lieux qui existent déjà. C'est un très bon moyen de stimuler votre créativité.

Mais vous devez également savoir que vos informations stockées dans vos palais et voyages (ce que j'appelle les «résidents») ne sont pas éternelles. Vos images et associations mentales, vivent, meurent et déménagent du palais.

Elles vivent lorsque vous faites l'effort de les relier aux lieux que vous avez choisis.

Elles meurent lorsque vous ne les rappelez pas et que vous finissez par les oublier (voir chapitre 3.3)

Enfin, elles déménagent dans votre mémoire à long terme lorsque vous avez suivi le processus de la courbe de rappel. Elles deviennent alors tellement automatiques qu'elles n'ont plus besoin de figurer dans vos lieux. Vous les avez mémorisées de façon — presque — définitive ! Vous pouvez alors les remplacer par d'autres associations nouvellement créées. Ce processus est plus ou moins rapide selon le nombre de rappels effectués (en suivant la courbe d'Ebbinghaus et non la répétition par cœur), la force de vos associations mentales et la facilité de mémorisation de l'information.

Le palais de mémoire est une technique belle est puissante qui vous permettra de mémoriser des quantités extraordinaires d'informations de presque tous types. Il vous reste une technique fondamentale à découvrir. Celle qui fait la force de tous les champions de mémoire, et qui va encore repousser les limites de ce que vous pensiez possible.

COMMENT MÉMORISER LES CHIFFRES

Les données chiffrées sont parmi les plus difficiles et abstraites à mémoriser. Il n'y a rien qui ressemble plus à un chiffre qu'un autre chiffre. Et pourtant, vous êtes entouré de nombres au quotidien. Tout est chiffré, tout est chiffrable, et tout se traduit en données numérotées : vos numéros de cartes, de téléphone, vos codes de sécurité, votre numéro de fichier, de client, de dossier, de sécurité sociale, de dates importantes, etc.

Vous ne pouvez pas mémoriser les chiffres de la même manière que les autres données, mais vous allez découvrir dans les lignes qui suivent comment créer un système de mémorisation qui vous accompagnera toute votre vie, utile bien sûr pour les chiffres, mais également pour tous les types de données à mémoriser. Il ne se passe pas un jour sans que je l'utilise. Maintenant, c'est votre tour.

PRÉSENTATION DES SYSTÈMES DE MÉMORISATION DES CHIFFRES

Il existe plusieurs systèmes de mémorisation des chiffres. Plus vous voulez un système performant et impressionnant, plus vous aurez besoin de passer du temps à sa création. Est-ce que cela en vaut la peine ? La réponse est mille fois OUI. Mais chaque chose en son temps :

> **1>> Niveau débutant.** Le système simple : convertir chaque chiffre (0-9) en image.
>
> **2>> Niveau avancé.** Le Dominic System : convertir chaque chiffre (00-99) en image.

3>> Niveau champion. Les systèmes des champions de mémoire : convertir chaque chiffre (000-999) en image.

Bien que le niveau champion soit réellement extraordinaire, il demande beaucoup d'efforts et ne vous sera utile que si vous souhaitez faire de la compétition ou que vous avez des données exclusivement composées de chiffres à mémoriser. Seules quelques dizaines de personnes dans le monde possèdent de tels systèmes de mémorisation. Ils sont capables de retenir des quantités hallucinantes d'informations en peu de temps. J'ai choisi de vous en parler parce que c'est l'Art de la Mémoire à son plus haut niveau et que paradoxalement, il vous est quand même accessible si vous vous en donnez les moyens.

Regardez maintenant de plus près comment vous pouvez faire pour transformer les nombres en images en commençant par le système simple.

LE SYSTÈME SIMPLE : MÉMORISER LES CHIFFRES DE 0 À 9

Le système simple est très pratique pour mémoriser de petits chiffres (mais néanmoins indispensables) de la vie de tous les jours. C'est notamment le cas lorsque vous avez des codes d'interphones, ou des quantités à mémoriser (liste de courses, recettes, dosages etc.), des procédures en 10 étapes ou moins ou des listes peu chargées.

Un chiffre est froid et abstrait. À priori il n'évoque pas grand-chose. Quand vous en avez un ou deux cela n'est pas un problème, mais dès qu'ils commencent à s'accumuler, cela devient vite très compliqué pour votre mémoire. Voici comment vous pouvez rendre mémorables tous ces petits chiffres qui vont s'accumuler au cours de la journée, sans risquer de perdre votre compte.

La forme des chiffres elle-même peut vous évoquer une image mémorable :

Le « 0 » ressemble par exemple à **un œuf ou un ballon.**

Le « 1 » ressemble à **un stylo, ou un drapeau, ou un poteau.**

Le « 2 » **ressemble à un cygne.**

Le « 3 » ressemble à **une paire de menottes.**

Le « 4 » pourrait ressembler à **un voilier par exemple.**

Le « 5 » est **un crochet ou un serpent.**

Le « 6 » une trompe d'éléphant ou un tire-bouchon.

Le « 7 » une falaise ou un bec d'oiseau.

Le « 8 » un bonhomme de neige ou un circuit de voitures.

Le « 9 » un ballon de baudruche ou un club de golf.

Peu importe mes suggestions, vous pouvez tout à fait les changer et prendre d'autres images. Tant qu'elles restent efficaces pour vous.

> **Exemple :**
>
> Imaginez que vous ayez 6 carottes et 3 tomates et 4 plaquettes de beurre à acheter.
>
> Vous pouvez imaginer une carotte en train de chevaucher un ==éléphant== (pour le 6) pour vous rappeler les 6 carottes. L'éléphant écrase une tomate ==menottée== à un arbre (menottée pour le 3 et l'écrasement pour bien lier les images entre elles comme une chaîne). La tomate ainsi écrasée coule en jus sur un ==voilier== rempli de plaquettes de beurre (le voilier pour le 4 et une image enchaînée à la précédente pour bien faire le lien).
>
> Peu importe ce que fait le voilier près de la tomate. ==Mettez de côté la rationalité== de cette histoire pour vous concentrer sur la ==construction== de votre association mentale. Prenez votre temps s'il le faut.
>
> Vous pourriez penser qu'il vous suffisait d'imaginer 6 carottes, puis 3 tomates, puis 4 plaquettes, mais ce type d'information prend énormément de place dans votre mémoire de travail, et vous avez de grandes chances de l'oublier, comme vous oublieriez un numéro de téléphone sans prendre de note que l'on vous donnerait dans la rue. Vous seriez obligé de répéter ces chiffres encore et toujours.
>
> L'avantage de ce système est qu'il est particulièrement rapide et facile à mettre en place et à utiliser.

Défi >>

Mémorisez les 2 codes suivants en utilisant le système chiffré simple en combinaison avec la technique des associations en chaîne, comme dans l'exemple précédent.

1258 / 7434

Vous pouvez maintenant utiliser la technique des associations en chaîne pour mémoriser.

L'autre avantage du système simple est qu'il vous permet de vous servir de vos images comme des étapes d'un voyage. Lorsque vous comptez, le chiffre 2 vient toujours après le 1 et avant le 3. Ce qui fait que votre cygne (image pour le 2) vient toujours après celle du stylo (image pour le 1) et avant votre paire de menottes (image pour le 3).

Exemple :

Imaginez que vous ayez ces 8 tâches à accomplir aujourd'hui, impérativement dans l'ordre :

- Chercher le pain.
- Appeler l'assurance.
- Prendre rdv chez le dentiste.
- Amener la voiture à la révision.
- Réviser pour son concours.
- Rdv avec votre meilleur ami.
- Envoyer un email à votre collègue.
- Acheter ce livre dont on vous a parlé.

Il devient alors aisé de mémoriser une liste de tâches ou le programme d'une journée remplie.

Vous pouvez imaginer un stylo géant planté dans une baguette de pain, avec l'encre qui coule de partout (le stylo pour le 1), puis un cygne aux couleurs de votre assurance en train de téléphoner (image 2 pour le cygne), puis votre dentiste menotté à son fauteuil d'opération (menottes pour le 3), puis votre voiture en train de dériver sur un voilier (image pour le 4), un serpent (image 5) qui avale vos cahiers de cours, un éléphant saisissant votre meilleur ami avec sa trompe (image 6), un arobase (image pour l'email) en train de pousser votre collègue du haut d'une falaise (image 7) et un bonhomme de neige (image 8) occupé à lire votre livre.

Vous n'avez pas besoin de lier vos images entre elles comme la technique des associations en chaîne. Vos tâches à accomplir sont directement reliées à des étapes ordonnées (les images symbolisant les numéros d'étapes). Quelle est votre 6e chose à faire aujourd'hui ? Le 6 est l'éléphant. Que fait l'éléphant ? Quelle est la 3e chose que vous avez à faire aujourd'hui ? Vous avez trouvé ? Bien, vous avez compris le principe !

À vous de jouer maintenant :

> **Défi >>**
>
> Mémorisez **dans l'ordre** ces 10 tâches à accomplir en utilisant votre système chiffré simple :
>
> 1- Acheter le chocolat pour le gâteau.
>
> 2- Passer à la banque.
>
> 3- Porter ce papier important à la Mairie.
>
> 4- Passer à la bibliothèque.
>
> 5- Prendre rendez-vous chez le médecin.
>
> 6- Rdv avec votre ami.
>
> 7- Cuisiner le fameux gâteau.
>
> 8- Téléphoner à M. Ernestin au sujet des portes de véranda.
>
> 9- Apprendre le cours 7 de chimie.
>
> 10- Visionner la vidéo n°9 que l'on vous a fait passer hier.
>
> Passez en revue vos associations mentales, puis laissez passer 5 minutes (profitez-en pour faire une pause, regarder vos emails, boire un verre d'eau etc.). Essayez de vous remémorer dans l'ordre les 10 choses que vous avez mémorisées aujourd'hui, puis dans le sens inverse.

Cette technique est là encore très facile à utiliser et à mettre en place et peut vous servir de mini voyage d'appoint. Une dizaine de lieux facilement utilisables et rapides d'accès.

Que faire lorsque vous avez énormément de chiffres à mémoriser ou bien plus de 10 tâches à accomplir ? Il est temps de passer au niveau un peu plus avancé de l'Art de la mémoire, et de vous bâtir le système hors du commun qui vous accompagnera ==à vie== : le Dominic System.

LE DOMINIC SYSTEM, VOTRE PROPRE SYSTÈME DE MÉMORISATION VALABLE À VIE

DOMINIC O'BRIEN

Dominic O'Brien est un ancien champion de mémoire anglais. Il a créé un système redoutable de mémorisation de chiffre qui est aujourd'hui une référence incontournable dans le domaine. Ce système est appelé «Dominic System» ou PAO (pour «Personnage-Action-Objet»). Il traduit chaque groupe de 2 chiffres (00-99) en personnage, action ou objet, et vous permet ainsi d'aller beaucoup plus loin dans la mémorisation des chiffres. Ce système est parfait pour mémoriser les données chiffrées complexes (noms de produits, modèles, fiches techniques) ou les dates, ou enfin les numéros de téléphone, codes complexes etc.

Ce système est une véritable machine de guerre qui mange des suites de chiffres au petit-déjeuner avec une facilité déconcertante.

Il se bâtit en 3 étapes que vous allez découvrir :

1>> **La langue des chiffres**

2>> **Créer des mots avec la langue des chiffres**

3>> **100 personnages/actions/objets**

LA LANGUE DES CHIFFRES

La première étape pour bâtir votre Dominic System est de vous familiariser avec la «langue des chiffres». Avec le système simple, vous avez vu que vous pouviez associer la forme de chaque chiffre avec une forme. Maintenant, vous allez utiliser les chiffres pour créer des mots à partir de syllabes.

Lorsque vous regardez le chiffre 1 vous pouvez y voir un «L» avec le son «l» comme dans Lapin, Lucarne, Limace, Lait etc.

En regardant le 2, vous pouvez y voir la forme d'un N renversé sur le côté, ce qui pourrait vous donner le son «n» comme dans «Niche, Natte, Non, Nantes, Nico, Nature etc.

Selon la même astuce que le 2, le chiffre 3 renversé rappelle beaucoup la forme d'un M pour le son «m» comme dans Maman, Maison, Malle, Mouche, Métro, Marteau, Mou, Micro etc.

Pour le 4, avec un peu d'imagination vous pouvez y voir un R dessiné avec le son «r» comme dans «quatRrre» justement. Le son «r» présent par exemple dans Rôti, Rame, Ruban, Riche, Roue, Rue, Repas etc.

À partir de maintenant, chaque chiffre pourra être utilisé pour 2 sons phonétiques :

Pour le 5, vous pouvez y voir un S pour vous rappeler les sons «s» ou «z» comme dans Soupe, Zorro, Sachet, Zoo, Serpent, Cygne, Ciment, Zéro, Saucisse etc.

Le 6 ressemble un peu à un petit «J», et il pourra vous rappeler les sons «Ch» ou «J» comme dans Chapeau, Joli, Char, Jeu, Chambre, Jarre, Chou, Chignon, Jérémy...

Le 7 ressemble à un T couché, et peut vous faire rappeler le son «t». Il pourra également s'utiliser pour le son «d» (proche au niveau phonétique), ce qui vous donne des sons que vous retrouvez dans Tapis, Dame, Toutou, Doudou, Tati, Terre, Train, Dragée, Dingue, Toupie, Datte etc.

Le 8 ressemble à un B ou à un double P inversé. Cela tombe bien, car ce sont les deux sons rattachés : «p» ou «b» pour le 8, comme dans Papa, Bébé, Poutre, Barrique, Pelle, Bobine, Parc, Botte, Poux etc.

Le 9 ressemble à un petit g pour le son «Gu». Il ressemble également à un k inversé pour le son «Qu». Ces deux sons se retrouvent par exemple dans Guerre, Garrot, Gomme, Quille, Cape, Carte, Crabe, Képi, Gourde, Gamin etc.

Enfin le 0 est utilisé pour les sons «F» ou «V». Il s'agit des deux derniers sons, proches phonétiquement. Pour vous en souvenir, pensez au mot 0euF qui est constitué du 0 en première lettre et du

F en dernière. Vous pouvez également utiliser l'acronyme V.O (version originale) pour vous souvenir du son «v». Vous retrouvez le «f» et le «v» dans Phénix, Verre, Ferme, Volant, Forêt, Vraiment, Voute, Football etc.

En résumé :

0 = f/v	5 = s/z
1 = l	6 = ch/j
2 = n	7 = t/d
3 = m	8 = p/b
4 = r	9 = gu/qu

Ne vous préoccupez pas des voyelles et des autres syllabes pour l'instant. Votre mémoire fera le reste par la suite.

> **Défi >>**
>
> Mémorisez la langue des chiffres
>
> Si vous avez un peu de mal au début, n'hésitez pas à garder la liste du code près de vous. Très vite, vous l'aurez mémorisée à l'usage de toute façon.
>
> Maintenant que vous avez de quoi faire des sons et des syllabes avec des chiffres, il vous faut créer des mots. Ce sont ces mots qui vous serviront de base pour créer votre système de mémorisation avancé.

CRÉER DES MOTS AVEC LA LANGUE DES CHIFFRES

Vous avez des consonnes, des débuts de mot, mais pas de voyelles, comment pouvez-vous faire des mots? Le principe est simple : seules les consonnes sont importantes dans la langue des chiffres, les voyelles sont trouvées par votre mémoire et ses capacités d'associations étonnantes, qui se charge de combler les trous entre les consonnes.

> **Exemples :**
>
> Imaginez que vous deviez créer un mot à partir du chiffre 47. Vous devez créer un mot dont la première syllabe commence par le son « r » et la deuxième par le son « t » ou « d » conformément à la langue des chiffres.
>
> Laissez tourner ces deux syllabes dans votre tête en boucle : « r » « t », « r » « d » etc.

Au bout d'un moment plus ou moins long, des mots vont vous venir en tête. Peut-être le mot « **r**â**t**eau » ou bien « **r**a**d**eau » ou encore « **r**a**d**is » ou enfin « **r**ô**t**i ». L'idée est de prendre les mots qui vous viennent en tête le plus vite, même si ce ne sont pas les plus évidents à vos yeux. Sachez que plus tard, vous pourrez tout à fait changer vos mots pour en trouver des mieux si vous avez du mal à vous en souvenir.

Quand rien ne vient, continuez à laisser tourner en boucle. Vous finirez par trouver.

Le chiffre 23 par exemple peut se révéler un petit peu plus difficile, car vous avez un mot qui commence par le son « n » et qui se poursuit par le son « m ». Peut-être qu'au bout d'un moment, vous avez le mot « nem » qui se forme dans votre esprit. Vous pourriez également penser à « nommé » ou la ville de Nîmes ou Nouméa etc.

Certains sont en revanche assez faciles : 33 (maman) 88 (papa, pépé ou bébé). La difficulté des combinaisons peut être très variable. 45 peut faire « russe », 64 peut faire « chariot », 35 peut faire « masse » etc.

Pour certains chiffres, n'oubliez pas que vous avez 2 options à tester (0/5/6/7/8/9), c'est pour cela que tous les sons à base de consonnes sont présents dans la langue des chiffres : pour vous donner un maximum d'options possibles.

À VOUS DE JOUER !

> **Défi >>**
>
> Transformez les chiffres suivants en mots :
>
> 08 / 77 / 78 / 69 / 96 / 32 / 14 / 15 / 54 / 21 / 44 / 83

Vous maîtrisez à présent la base pour mémoriser les chiffres autrement. Bien sûr cette mécanique est nouvelle pour vous, et cela vous demande certainement beaucoup d'efforts. C'est normal, et cela s'arrangera nettement avec le temps.

D'ailleurs, après la prochaine partie, vous devriez être largement au point.

100 PERSONNAGES / ACTIONS /OBJETS

Lorsque je vois le chiffre 13, je vois Dartagnan. Toujours. De même que le chiffre 86 est Bambi, le 24 est Jack Bauer, le 44 et le Joker dans Batman, le 04 est Robin des Bois et le 68 est un lutin de la Saint Patrick. C'est devenu automatique. Je me suis créé ma langue secrète bien plus facile à mémoriser que des suites de chiffres qui seraient impossibles à retenir de tête sans système. Ce dernier ne sert d'ailleurs pas que pour les chiffres, mais pour tous types de données, sans compte qu'il peut également vous compter comme un voyage de 100 étapes « gratuites ».

Maintenant, c'est à vous de l'adopter.

Vous voici donc arrivé au cœur du système. La partie la plus longue à créer, mais également celle qui vous accompagnera le reste de votre vie. Elle n'est pas figée, mais la plupart des images que vous allez créer resteront.

Pour mémoriser les chiffres de 00 à 99, vous allez créer 300 images bien spécifiques.

Pas de panique ! Seules 100 d'entre elles vous demanderont un peu plus de réflexion, les 200 autres couleront presque de source. À la fin vous aurez 100 personnes (ou personnages) qui possèdent 100 actions uniques avec 100 objets qui leurs sont propres.

100 PERSONNAGES

Vous allez d'abord devoir créer 100 images qui représentent des personnages ou des personnes. Ce peut être des personnages de fiction, de séries, de cartoons, ou bien tout simplement des gens de votre entourage. Pour les créer vous allez utiliser en grande partie la langue des chiffres.

> **Exemple :**
>
> Pour trouver votre personnage 01 : vous avez les sons « f/v » et « l » à associer pour créer votre image. En faisant tourner ces deux sons dans votre tête, le mot « FoLie » me vient en tête. Je peux décider de prendre l'image d'un fou. J'imagine un homme avec une veste bleue et un entonnoir sur la tête.
>
> « f » et « l » peuvent également donner « **FoLLey** » qui me rappelle « Axel Folley » (Le flic de Beverly Hills, un film des années 90).
>
> D'autres exemples possibles : **FiLLe** (« l » et « y » pratiquement la même chose), **FouLe**, **VoL** (un oiseau), **ViLLe**, etc.

Ne vous lancez pas tout de suite dans l'élaboration de votre système, je vous donne des conseils pour vous faire gagner énormément de temps un peu après. Lisez tranquillement la suite pour voir comment votre système fonctionnera.

100 ACTIONS, 100 OBJETS

Une fois vos 100 personnages trouvés, vous devrez assigner à chacun une action unique, puis un objet unique. Cette étape devrait être beaucoup plus rapide que la première car beaucoup seront naturelles.

Exemple :

Pour mon 08 (FoLie, image du fou avec son ntonnoir sur la tête), je peux imaginer que son action est de tirer la langue en hurlant de rire, et son objet sera bien évidemment l'entonnoir ! Je devrai ensuite m'assurer qu'aucune autre image entre 00 et 99 n'aient pour action : tirer la langue, et pour objet entonnoir. Seulement mon fou.

Dans mon système, 07 est James Bond (agent 007), son action est de tirer au pistolet, et son objet est le PPK (son arme). Tirer au pistolet, même s'il s'agit d'un PK est quelque chose d'assez commun et je devrai particulièrement faire attention de distinguer mes images si je décide d'utiliser d'autres armes à feu ou d'autres actions qui y ressemblent. Ce n'est pas grave ! L'action de James Bond peut être changée en autre chose si j'ai des doublons, comme par exemple escalader un mur (pourquoi pas !) et son objet pourrait être la corde, ou son smoking.

Trouver ces 100 personnages ainsi que leurs actions et leurs objets va vous prendre du temps. C'est pourquoi j'ai préparé quelques conseils pour vous aider.

CONSEILS POUR CRÉER VOTRE DOMINIC SYSTEM RAPIDEMENT

Certains chiffres vous prendront des heures, d'autres seront évidents. Créez votre tableau sur un fichier excel ou sur une bonne page papier, et en route pour la création de votre système. Voici mes recommandations :

>> COMMENCEZ D'ABORD PAR LES CHIFFRES ÉVIDENTS.

La première chose que vous devez savoir est que le code chiffre-son (1=L, 2=N etc.) n'est pas obligatoire pour tous les chiffres. Il existe des chiffres qui pour vous sont beaucoup plus chargés émotionnellement dans votre mémoire qu'un mot que vous auriez créé. C'est l'exemple du 07 que vous avez découvert. Normalement, j'aurais du créer un mot avec F/V suivi de T/D (son pour 0 et son pour 7). Il se trouve que James Bond me vient en tête quasi automatiquement. Il en va de même pour d'autres chiffres. Le 10 est Zidane, le 24 est Jack Bauer (de la série «24»). Sans parler de fiction, vous avez également d'autres repères. Votre chiffre préféré, votre année de naissance, votre département, celui que vous préférez, un âge où il s'est passé quelque chose d'important etc. Commencez d'abord par remplir ces chiffres.

LES INITIALES PEUVENT VOUS SERVIR.

Vous pouvez vous servir des lettres comme des initiales de quelqu'un de connu plutôt que des syllabes. Pourquoi pas des chanteurs ? Par exemple 19 pourrait être **L**ady **G**aga, 39 pourrait être **M**aître **G**ims, 67 pourrait être **Ch**arles Trenet, 68 pour **J**ustin **B**ieber, et même 61 pour **J**ohnny **H**alliday.

VOUS POUVEZ COMMENCER PAR L'OBJET OU L'ACTION.

Vous laissez tourner 79 dans votre tête (T/D et K/G) et le seul mot qui vous vient régulièrement en tête est «toque», un chapeau de chef cuisinier. C'est une très bonne image pour un chef cuisinier justement. Le chiffre vous rappelle l'objet, mais ce n'est pas grave car le chef cuisinier vous viendra en tête. Ne rejetez pas une suggestion de votre cerveau car c'est habituellement vos meilleures associations possibles !

VOUS N'ÊTES PAS ENCHAÎNÉ À VOS ASSOCIATIONS.

Quand vous commencez à créer votre système, vous êtes souvent tenté de choisir LA bonne image, celle qui durera et que vous ne changerez jamais. Pour cette raison, vous hésitez à prendre des images qui vous paraissent faibles. Ne passez pas trop de temps à chercher davantage quand vous avez trouvé quelque chose pour un chiffre (personnage, action, objet). Vos images peuvent se changer facilement lorsque vous en trouverez des meilleures, votre cerveau fera cela avec une facilité déconcertante, même si vous aviez pris vos habitudes. Il vaut mieux trouver une image faible que chercher LA bonne image, car elle risque de ne jamais venir et de vous décourager. Certaines de mes images ont changé un nombre incalculable de fois et pourtant mon système est de plus en plus efficace.

UN JOUR, UNE MISSION.

Vous avez rempli le plus gros de votre tableau, mais malgré tous ces conseils il vous en manque une bonne dizaine ? Rassurez-vous, c'est très fréquent. Plutôt que de vouloir trouver toutes vos images manquantes en une fois, donnez-vous la mission d'en trouver d'abord une. Ce peut être votre mission de la journée. Vous concentrez ainsi vos ressources intellectuelles sur une image plutôt que de les disperser sur plusieurs. Vous verrez que très souvent, vous trouverez des suggestions aux moments de repos, lorsque vous penserez à autre chose.

À VOUS DE JOUER !

> **Défi >>**
>
> Bâtissez votre Dominic System et notez-le sur un tableur ou sur une page blanche pour l'avoir à portée de main. Vous pouvez vous aider de l'exemple du Dominic System qui suit.

Il vous faudra une moyenne de trois jours pour compléter votre système. Certains le feront en une journée, et d'autres prendront deux semaines. Trois jours, c'est indicatif, et c'est pour vous rappeler que vous allez devoir y consacrer un peu de temps pour le bâtir, mais je le répète, le jeu en vaut largement la chandelle.

EXEMPLE DE DOMINIC SYSTEM QUE VOUS POUVEZ UTILISER

Vous trouverez ci-dessous un Dominic System que j'ai créé pour vous donner des idées. J'ai essayé de prendre des exemples variés pour vous montrer la flexibilité avec laquelle on peut remplir le tableau.

N°	Personnage	Action	Objet	Notes
01	Maman	Tape à la machine	Machine à écrire	01/02/03 places prises pour la famille
02	Papa	Soude une grille	Fer à souder	*
03	Moi	Mémorise	Un jeu de cartes	*
04	Robin des bois	Tire une flèche	Arc	F+R = forêt, qui me rappelle Robin
05	Un mandarin	Fume de l'opium	Un vase	V+Z = vase, mon image d'accès pour le reste du tableau
06	La vache Mika	Mooooo	Une tablette de chocolat	V+Ch = vache : les animaux fonctionnent aussi !
07	James Bond	Tire au pistolet	Un PPK	Voir exemple
08	Fabien Barthez	Plonge	Des gants de gardien	F+B
09	Un surfeur	Surfe...	Un surf	V+G = « vague », d'où l'image du surf

10	Zidane	Dribble	Un ballon	Voir exemple
11	Lex Luthor	Manipule des fioles de chimie	Un anneau en kryptonite	L+L initiales de Lex Luthor, le méchant dans Superman
12	Tarzan	Se balance d'une liane	Une liane ou une lance	L+N = liane, qui rappelle l'action de Tarzan
13	D'artagnan	Fait de l'escrime	Un fleuret	L+M = lame qui peut rappeler l'action de Dartagnan
14	Schwarzenegger	Soulève des haltères	Des haltères	L+R comme "lourd" qui symbolise les poids des haltères
15	Lucky Luke	Fait tournoyer son lasso	Un lasso, ou des bottes	L+S comme lasso
16	Un ado en combi de neige	Fait de la luge	Une luge	L+J comme luge
17	Chuck Norris	Donne un coup de latte	Une étoile de shérif	L+T comme «latte», action réputée de ce personnage de série
18	Sherlock Holmes	Enquête avec sa loupe	Une loupe	L+P comme Loupe. Vous pouvez la remplacer par la pipe
19	Un bonhomme Lego	Construit une maison en Lego	Une brique Lego	L+G comme Lego !
20	Une fée	Lance un sort	Une baguette magique	N+F = Nymphe qui peut renvoyer à l'image d'une fée.
21	Cléopâtre	Caresse un tigre	Une statue d'Osiris	N+L = Nil, le fleuve d'Egypte qui peut vous faire penser à Cléopâtre

22	Nono le robot	Se casse la figure	Un casque de vaisseau spatial	N+N = Nono, robot de dessin animé. Le reste de la scène a été inventé
23	Michael Jordan	Fait un lancer Franc	Un ballon de basket	Le numéro du plus grand joueur de basket de tous les temps
24	Jack Bauer	Plonge à travers une fenêtre	Un téléphone portable	La série 24, le héros, qui est souvent avec son téléphone portable.
25	Un pêcheur	Pêche	Une nasse de poissons	N+S = Nasse.
26	Un chien que vous connaissez	Aboie	Une niche	N+Ch = niche, qui rappelle le chien. Autant en prendre un connu !
27	Nathalie Portman	Danse le ballet	Un tutu	N+T pour Nath. Diminutif de l'actrice dans son film « Black Swan »
28	Un samouraï	Se fait harakiri	Une armure de samouraï	N+P comme Nippon (japonais), le samouraï est une image forte
29	Un coureur de marathon	Court	Une paire de baskets	N+K comme Nike, une marque de baskets
30	Mylène Farmer	Chante	Un micro	M+F qui sont les initiales de Mylène Farmer
31	Jack Sparrow	Ouvre une malle au trésor	Un chapeau de pirate	M+L comme Malle, le trésor du pirate des Caraïbes
32	Un mineur	Mine	Une pioche	M+N = Miner
33	Mémé	Tricote	Un pull en laine	M+M comme mamie ou mémé
34	La mort	Fauche	Une tête de mort	M+R pour mort. L'image de la grande faucheuse

35	Un forgeron	Forge une épée	Une masse de forgeron	M+S, comme une masse. Le forgeron n'est pas la seule option possible
36	Mage	Lit un grimoire	Chapeau de sorcier	M+J attention à ne pas confondre avec la fée du 20 !
37	Un motard	Conduit une moto	Un casque de motard	M+T = moto. Prenez le temps d'imaginer chaque image
38	Will Smith	Efface la mémoire	Des lunettes de soleil	M+B pour Men in Black, un film à succès avec Will Smith
39	Un pilote de chasse	Conduit un MiG	Un MiG	M+G pour MiG, le nom d'un modèle d'avion de chasse russe
40	Rafael Nadal	Joue au tennis	Une raquette de tennis	R+F comme « Rafa » le surnom de Nadal
41	Sébastien Loeb	Conduit une voiture de rallye	Une voiture de rallye	R+L comme Rallye
42	Reine d'Angleterre	Salue la foule	Un chapeau rose	R+N comme reine, pourquoi pas la reine d'Angleterre ?
43	Un galérien	Rame	Une rame	R+M = rame, comme un esclave des galères romaines (Astérix)
44	Le joker	Éclate de rire	Un jus d'orange	R+R comme rire, l'action du joker, et le jus d'orange de la marque
45	Vladimir Poutine	Boit de la vodka	Une bouteille de vodka	R+S pour Russe, un personnage emblématique et une action cliché

46	Picsou	Se baigne dans une mer d'or	Un sac de pièces	R+Ch comme Riche, Picsou est riche !
47	Un jardinier	Ratisse les feuilles	Un râteau	R+T = râteau. Un des outils de travail d'un jardinier
48	Une mariée	Lance un bouquet	Robe de mariée	R+B comme la robe de mariée
49	Elvis Priesley	Joue de la guitare	Une guitare électrique	R+K comme Rock, le symbole d'Elvis Priesley
50	50 cents	Fait du rap	Une chaîne en or	50 qui rappelle le nom du rappeur
51	Un saule pleureur	Pleure	Une branche d'arbre	S+L comme saule. Pensez bien à en faire un personnage à part entière !
52	Un scandinave	Fait un sauna	Une louche d'eau	S+N comme sauna. La louche d'eau est utilisée pour les pierres du sauna
53	Un Sumo	Lutte et charge	Du sel	S+M comme sumo. Ils jettent le sel avant chaque combat
54	Un médecin	Boit du sirop	Un stéthoscope	S+R comme sirop. Le personnage du médecin va bien avec
55	ZZ Top	Joue de la batterie	Une barbe	Z+Z = ZZ Top, un groupe des années 90. La batterie, pour ne pas confondre avec la guitare d'Elvis
56	Un sage	Médite	Une bougie	S+J pour sage. La bougie est juste un objet qui va bien avec l'image
57	Satan	Brûle	Une fourche	S+T Satan, l'image d'un diable avec une fourche
58	Le père Noël	Conduit son traîneau	Un sapin de Noël	S+P pour sapin de Noël

59	Sonic le hérisson	Se met en boule et roule	Un anneau	S+G pour Sega, la firme qui a créé Sonic le Hérisson (jeu vidéo)
60	Un chef indien	Fait la danse de la guerre	Un tomahawk	Ch+F pour chef, comme chef indien
61	Angelina Jolie	Dégaine deux pistolets (sans tirer !)	Un holster de cuisse	J+L pour Jolie, nom de l'actrice que j'imagine dans Tomb Raider
62	Un prisonnier	Traîne un boulet	Une chaîne et le boulet	Ch+N pour Chaîne
63	Michael Schumacher	Conduit une Formule 1	Un logo de Ferrari	Ch+M pour Schumi, le diminutif de l'ancien champion de formule 1
64	Ben Hur	Conduit un char	L'emblème de la Rome antique	Ch+R pour Char ou Chariot
65	Hulk Hogan	Casse une chaise	Une chaise	Ch+Z pour Chaise avec le catcheur qui brise une chaise sur quelqu'un
66	Une petite fille	Joue avec une peluche	Un chouchou	Ch+Ch pour le chouchou qui sert à attacher les cheveux
67	Grumpy le chat	Miaule de désapprobation	Une litière	Ch+T pour chaton, et le fameux Grumpy est marrant à intégrer
68	Steve Jobs	Pianote sur son Mac	Une tablette	J+B pour Job, qui peut rappeler Steve Jobs
69	Jacques Chirac	Fait un discours	Une écharpe tricolore	J+K pour Jacques Chirac. Cela suffit à rappeler le personnage
70	La Castafiore	Chante et brise une vitre	De gros bijoux	D+V pour Diva, la Castafiore, personnage de Tintin
71	Christophe Dechavanne	Présente une émission	Une télévision	T+L = télé, exemple avec un présentateur télé

72	Un ivrogne	Boit dans un tonneau	Un tonneau de vin	T+N pour tonneau. Attention à ne pas confondre avec la vodka du 45
73	Une bergère	Vend un fromage	Une tomme de Savoie	T+M = tomme (fromage) ça tombe bien, la Savoie est également lexdépartement 73 !
74	Un taureau	Charge avec des cornes	Un anneau nasal	T+R pour taureau, qui passe très bien comme personnage
75	Le diable de Tasmanie	Tire la langue et mange	Une peluche de Bip Bip	T+Z pour Taz(mania) un personnage de cartoon qui essaie tout le temps de manger Bip Bip
76	Un karateka	Fait un Kata	Un hakama	D+J pour Dojo, le lieu de prédilection des karatekas !
77	Tyler Durden	Donne un coup de poing	Un savon	T+D, initiales de l'emblématique personnage joué par Brad Pitt dans Fight club
78	Aladin	vole sur un tapis	Une lampe de génie	T+P pour Tapis, celui d'Aladin
79	Un chef cuisinier	Cuisine	Un gâteau au chocolat	T+Q pour toque, le chapeau des chefs cuisiniers
80	Un gendarme	Verbalise	Un képi	P+V pour l'abréviation de « PV » (procès verbal), ca marche !
81	Le lapin Duracell	Joue du tambour	Une pile	P+L pour Pile, le lapin d'une ancienne pub pour piles

82	Mon petit poney	Crache des arcs-en-ciel	Une glace arc-en-ciel	P+N pour Poney : mon petit poney, dessin animé pour enfants.
83	Blanche Neige	Croque une pomme	La robe de Blanche Neige	P+M pour Pomme pour la pomme de la sorcière de Blanche Neige
84	Bourreau	Coupe une tête	Une hache de bourreau	B+R pour bourreau
85	Le petit Poucet	Sème des cailloux	Un sac de cailloux	P+S pour Poucet, le personnage du conte qui sème des cailloux pour ne pas se perdre
86	Un kangourou	Saute à pieds joints	Des gants de boxe	P+Ch pour « poche », la poche du kangourou
87	Don Camillo	Mange des spaghettis	Une robe de prêtre	P+T pour pâtes, une pub pour une marque de pâtes avec Don Camillo
88	Un bébé	Hurle	Une tétine	B+B pour Bébé
89	Une infirmière	Fait une piqure	Une seringue	P+Q pour Pique, l'action de l'infirmière
90	George Clooney	Boit un expresso	Une capsule de café	K+F pour Café, et un acteur célèbre pour une pub de café
91	Astérix	Remplit une gourde de potion magique	La gourde de potion magique	G+L pour Gaulois, Astérix le Gaulois qui remplit sa gourde, car il y a déjà 2 actions « boire » dans le système !
92	Dr House	Marche avec une canne	Une canne	K+N pour Canne, un accessoire très utilisé par ce personnage de série
93	Un architecte	Gomme sa feuille	Une gomme	G+M pour gomme

94	Un gorille	Se tape la poitrine	Une banane	G+R pour gorille. Ok, un gorille ne mange pas spécialement de banane, mais ca marche bien quand même
95	Un vampire	Suce le sang	Une gousse d'ail	G+S pour gousse (d'ail) un objet détesté par les vampires
96	Un perroquet	Se balance sur un trapèze	Une cage à perroquet	K+J pour cage. L'accessoire du perroquet
97	Un cycliste	Conduit un vélo	Un guidon de vélo	G+D pour Guidon (de vélo)
98	Superman	Porte une voiture	La cape de Superman	K+P pour cape, celle de Superman !
99	Lady Gaga	Chante sur scène	Une robe en viande	G+G pour GAGA, la chanteuse
00	Veuve	Pleure	Une pierre tombale	V+V pour veuve, une veuve pleure devant une tombe

Vous pouvez vous inspirer de tout ou partie de ce Dominic System pour vos images. Il ne s'agit pas de mon système personnel mais un exemple que j'ai créé pour vous montrer que n'importe quelle clé d'accès, n'importe quel mot peut suffire à vous créer une image. C'est un très bon exercice pour entraîner votre mémoire associative, qui vous sera indispensable plus tard pour transformer des cours en images. Gardez ce tableau en repère car j'y ferai mention régulièrement en prenant mes exemples.

> Maintenant que vous avez votre Dominic System, vous allez apprendre à l'utiliser, et c'est là que l'amusement commence ! Vous allez retrouver votre âme d'enfant !

MÉMORISER DES CHIFFRES À L'INFINI

Ça y est ! Votre système de mémorisation des chiffres est enfin terminé. Vous allez maintenant découvrir comment l'utiliser pour retenir des suites impressionnantes de chiffres, simplement de tête. Effet garanti sur toute personne qui vous regardera faire ! Vous découvrirez pour terminer les autres systèmes de mémorisation, créés par les champions de mémoire qui vont encore plus loin dans la performance.

MÉMORISER AVEC LE DOMINIC SYSTEM (PAO)

Le principe est de créer une petite histoire avec les chiffres en utilisant les images que vous avez créées. Vous découpez votre suite en tranches de deux chiffres. Les 2 premiers chiffres vous donnent le personnage, les deux suivants vous donnent l'action effectuée par le personnage, et les 2 suivants vous donnent l'objet qui est utilisé pour faire l'action : PAO (personnage, action, objet).

> **Exemple :**
>
> Imaginez que vous deviez mémoriser 681371.
> Vous découpez votre suite en paquets de 2 chiffres, cela vous donne 68-25-71. Vous devez traduire ça avec les images de votre Dominic System.

(Pour cet exemple, et tous ceux du reste de cet ouvrage, je prendrai le tableau présent dans le chapitre précédent.)

Le premier chiffre (68) est votre code pour le personnage : Steve Jobs. Steve Jobs effectue l'action (25), soit celle du pêcheur : la pêche. Steve Jobs est en train de pêcher. Pour terminer votre image, il vous faut intégrer l'objet des deux derniers chiffres : 71. L'objet 71 est une télé. Vous pouvez à présent imaginer Steve Jobs en train de pêcher avec une télé, ou bien encore mieux, Steve Jobs en train de pêcher une télé !

Comme vous pouvez le remarquer, créer ces images est amusant en plus d'être diaboliquement efficace. Retenir par cœur cette suite de nombre aurait été très consommateur d'énergie et pratiquement impossible à retenir à long terme. Vous venez de donner du sens à des données qui n'en ont normalement pas beaucoup.

Un autre exemple :

537898 qui se décompose en 53-78-98. Premier chiffre : le personnage 53 (le sumo) qui vole sur un tapis volant (action du personnage 78, Aladin) avec l'objet 98 (la cape de Superman). Imaginez votre sumo en train de voler sur le tapis volant tout en portant une cape de Superman ! Cette image est autant absurde que mémorable pour votre cerveau.

Votre système vous permet donc de mémoriser les chiffres par groupe de 6 avec une très grande aisance.

À vous de vous amuser maintenant :

Défi >>

Transformez les chiffres suivants en histoire en utilisant le Dominic System (Personnage, action, objet).

847512 / 962533 / 418762 / 149074/656241

Lorsque vous n'avez que 2 chiffres à mémoriser, vous utilisez instantanément l'image du personnage correspondant. Lorsque vous maîtriserez bien votre système (à force d'utilisations), vous mémoriserez des groupes de 2 chiffres en à peine une seconde !

Lorsque vous avez 3 chiffres à mémoriser, par exemple 954, vous découpez de la même manière d'abord en 2, cela vous fait le personnage 95 (le vampire). Il reste simplement 4, et pour le mémoriser, vous pouvez utiliser le système simple où le 4 est un bateau à voile. Imaginez votre vampire en train de voguer sur son bateau à voile.

> Le même système s'applique lorsque vous avez 5 chiffres : 18419 devient 18-41-9 : Sherlock Holmes conduit une voiture de rallye garnie de ballons de baudruche (9).

Lorsque vous avez 8 chiffres, vous pouvez prendre les 2 derniers chiffres et reprendre un personnage pour l'intégrer à vos 6 premiers chiffres.

> 15486512 devient 15-48-65-12 et donc : Lucky Luke (personnage 15) lance un bouquet de fleurs (action 48) sur une chaise (objet 65)… sur laquelle est assis Tarzan (personnage 12).

Mais au-delà de 6 chiffres, votre meilleure option est de coupler votre système avec la technique du voyage. Vous disposez alors chaque image constituée de 6 chiffres dans un point de passage d'un de vos voyages.

Exemple : pour 215896741845, 215896 formeront une image dans votre lieu 1 et 741845 seront dans votre lieu suivant, etc.

> Vous le découvrirez plus en détails lorsque vous mémoriserez des dates ou des numéros de téléphone dans les chapitres suivants.

Défi >>

Mémorisez la suite de chiffres suivante en utilisant les 3 premiers lieux d'un voyage de votre choix :

182973365897412890

Prenez bien le temps de découper par tranche de deux chiffres, et de créer des images mémorables ! Attention également à bien fixer vos images avec les interactions entre vos images créées et les lieux où vous les stockez ! (Voir chapitre 4.4).

LES TECHNIQUES DES CHAMPIONS DU MONDE DE MÉMOIRE

Être champion du monde de mémoire, cela veut dire être capable de mémoriser des centaines de chiffres en quelques instants, et être capable de retenir absolument tout type d'informations. Beaucoup pensent que réaliser de telles prouesses est quelque chose d'inhumain ou de vraiment exceptionnel. Les champions utilisent le même système que vous venez d'apprendre.

Ce qui revient à dire qu'avec beaucoup d'entraînement vous pourriez vous aussi devenir un de ces champions. Ce n'est vraiment qu'une question de pratique et de maîtrise de votre système. Certains des meilleurs comme Simon Reinhardt ou Joannes Mallow utilisent une variante du Dominic System. Ils partent également du système : personnage, action, objet, sauf qu'ils n'ont pas 100 images pour 100 personnages, mais 1000 ! Imaginez 10 systèmes comme celui que vous avez créé où chaque chiffre entre 000 et 999 serait un personnage bien précis, et vous aurez une idée du système à bâtir. En France, très peu de personnes possèdent un tel système et la raison en est simple : pour l'immense majorité des tâches de mémorisation, les cours, le travail etc. un système 00-99 comme celui que vous avez bâti est largement suffisant, comme vous le verrez dans la suite des techniques que je vous présenterai.

Je ne pouvais simplement pas clore cette partie de la méthode sans vous parler des meilleurs systèmes du monde, ceux qui sont inconnus du grand public et qui font la légende des champions de mémoire alors qu'ils ne sont pas si inaccessibles que cela !

À présent, que diriez-vous d'utiliser les techniques que vous venez d'apprendre pour mémoriser des cours ou de nouvelles connaissances en général ?

APPRENDRE
ET MÉMORISER
SES COURS
SANS SOUFFRANCE

CHAPITRE 5

COMMENT APPRENDRE MIEUX, PLUS RAPIDEMENT, ET SANS SOUFFRIR

« L'imagination est plus importante
que la connaissance,
car la connaissance est limitée
tandis que l'imagination englobe
le monde entier »

Albert
Einstein

COMMENT APPRENDRE MIEUX, PLUS RAPIDEMENT, ET SANS SOUFFRIR

Apprendre devient vite une corvée lorsque vous ne procédez qu'avec l'apprentissage par cœur. Dans ce chapitre, vous allez découvrir les techniques pour mémoriser durablement, être plus efficace dans votre apprentissage et les astuces pour diminuer la souffrance qui accompagne trop souvent les périodes de travail. Si vous ne diminuez pas cette sensation de douleur, vous remettrez de plus en plus votre travail à plus tard. Ce phénomène porte un nom d'origine grecque : **la procrastination.**

Ce chapitre traitera donc de la bonne « hygiène » de votre mémoire. Le chapitre 6 sera quant à lui consacré à la mémorisation des données brutes de cours réputés difficiles.

LE SECRET ET LA TECHNIQUE POUR APPRENDRE SANS SE FATIGUER

Beaucoup d'étudiants de mes formations et qui m'écrivent ont comme point commun de se retrouver submergés par l'afflux massif de cours, de contenus et d'informations qui arrivent d'un coup. D'ailleurs ce sont toujours les mêmes mots qui reviennent :

« Je décroche » ;

« Je me sens largué » ;

« Je ne sais pas par où commencer » ;

« Je panique ».

Les étudiants sont les premiers visés et se sentent éternellement fatigués d'apprendre, ==mais pas seulement==. Apprendre est un mot qui vous accompagne tout au long de votre vie. Vous êtes toujours en train d'apprendre quelque chose, qu'il s'agisse d'une nouvelle application ou d'une nouvelle réglementation, en passant par les nouvelles procédures de travail, les codes, les articles, les textes, les formulaires qui changent tout le temps. Cette sensation de se retrouver submergé vous accompagnera en permanence..

Pour apprendre sans vous fatiguer et sans surcharger votre mémoire, vous devez ==repenser votre façon de mémoriser==. Peut-être êtes-vous adepte des longues séances de révisions, quand c'est le bon moment ? Vous pensez sans doute que c'est plus pratique et plus efficace.

C'est une erreur.

Votre mémoire a besoin d'un temps pour ==digérer vos informations==, et lorsque vous passez des heures à essayer d'ingurgiter des connaissances par accumulation, vous le privez de ce temps. ==Vous surchargez== votre mémoire de travail (qui je vous le rappelle, a tendance à ne garder que quelques éléments simultanément).

L'autre problème avec cette approche est psychologique. Chaque session ainsi programmée par vos soins est une lourde charge. Une échéance stressante et douloureuse. C'est souvent le même phénomène qui revient : au début, vous êtes motivé et plein de détermination, mais chaque semaine vous devez reproduire le même effort, et cela vous devient vite coûteux et épuisant. Du coup, vous commencez à vous trouver de bonnes raisons pour repousser ce moment. Pendant ce temps-là, vos cours et vos informations à mémoriser s'accumulent. Vous ne profitez plus de vos loisirs car vous ==culpabilisez== de ne pas être en train d'apprendre.

Le secret pour apprendre sans se fatiguer est donc de laisser votre mémoire respirer un peu entre bloc d'informations appris et de préférer des sessions de mémorisation beaucoup plus ==courtes, mais quotidiennes==, plutôt que de vous dire que dimanche toute la journée, « c'est révisions ».

Votre mémoire n'a pas besoin de beaucoup de temps de repos entre chaque bloc, mais en a tout de même besoin.

MÉMORISER SANS SE FATIGUER, MODE D'EMPLOI

À partir de maintenant, vous allez donc faire deux choses :

1. RÉDUIRE CONSIDÉRABLEMENT LA DURÉE DE SÉANCES DE TRAVAIL MAIS EN AUGMENTER L'INTENSITÉ

30 à 45 minutes suffisent à mémoriser énormément de choses. Au-delà de cette durée, l'attention diminue. C'est normal, et vous ne parvenez plus à rester concentré efficacement au-delà. Autre point : planifiez des séances de mémorisation sans aucune interruption, et sans aucune distraction. Cela veut dire couper absolument toutes les sources de distraction possibles : smartphone, télévision, conversations, endroit bruyant, etc.

Il n'est évidemment pas toujours aisé ou possible de suivre ces recommandations, mais gardez en tête que 30 minutes d'une telle concentration vous fera mémoriser beaucoup plus d'informations que 3 heures à rester sur le même sujet et à se laisser distraire toutes les 5 minutes.

2. DÉCOUPER VOTRE TRAVAIL EN PETITES MISSIONS

Prenez un long chapitre de cours à mémoriser ou un long travail/dossier/livre à ingurgiter. Découpez ce chapitre ou ce travail en 3 parties : le début, le milieu, la fin. Prenez le début. Découpez ce début en 3 sous-parties. Ensuite, découpez chaque sous-partie en 3 autres segments. Vous vous retrouvez à présent avec 27 petits blocs d'informations, ou 27 petites « missions » de mémorisation.

En tous les cas, ils seront beaucoup plus digestes que le chapitre entier ! Pour certains cours ou certaines tâches, vous n'aurez pas besoin de 27 parties, et pour d'autres ce ne sera pas assez, mais en procédant de la sorte, vous pouvez tout à fait mémoriser une ou deux missions dans la journée, en plus de ce que vous auriez normalisé et sans avoir besoin de beaucoup de temps.

Enfin, prendre l'habitude de découper vos informations de la sorte vous permettra déjà de soulager votre mémoire et de commencer à apprendre.

QUEL EST VOTRE PROFIL D'APPRENTISSAGE ?

Lorsque vous apprenez, vous sollicitez trois parties distinctes de votre mémoire :

Votre mémoire visuelle

Votre mémoire auditive

Votre mémoire kinesthésique

Selon la façon dont se sont développées vos connexions neuronales, vos habitudes d'apprentissage, et en fonction du type d'information à mémoriser, vous en utilisez une plus que les deux autres. Notez bien que **vous utilisez les trois**. Personne n'est « seulement visuel » ou « seulement auditif » etc.

Voyez maintenant ces trois types de mémoires, et comment vous pouvez les exploiter pour renforcer votre mémoire en sollicitant un peu plus celles que vous n'avez pas l'habitude d'utiliser.

LA MÉMOIRE VISUELLE

Les gens qui ont un profil d'apprentissage visuel ont l'habitude de se créer des représentations de ce qu'ils étudient. Ils se créent des images, des scènes, des animations, et visualisent beaucoup.

Bien souvent, ceux qui ont un profil visuel parviennent à vous dire où se trouvait telle ou telle information dans quelle page, et si c'était plutôt en haut ou en bas de celle-ci par exemple. Ils se souviennent particulièrement des scènes plus que des paroles.

Dernièrement, une étude publiée dans la revue Cerveau & Psycho N°75 de mars 2016 a mis en évidence l'importance de la mémoire visuelle en situation de stress. Des pilotes d'avion ont été intentionnellement placés dans un contexte de stress intense : un atterrissage d'urgence de l'appareil. Ils doivent alors se souvenir d'une procédure précise et la respecter strictement. Ils ont des alarmes sonores, ainsi que des signaux lumineux qui s'affichent. Les études ont démontré qu'en période de stress, le cerveau des pilotes avait tendance à ignorer les alarmes sonores (pourtant fortes) et à accroître l'attention sur les signaux visuels. Les meilleurs résultats (une procédure respectée) ont été obtenus lorsque tous les signaux et alarmes s'éteignaient pendant trois secondes pour laisser place à une simple alerte visuelle.

Cette expérience démontre qu'en cas «d'urgence», votre cerveau a tendance à vous plonger dans un effet «tunnel» qui ==augmente votre acuité== (mémoire visuelle) au détriment de votre concentration aux bruits ==(mémoire auditive)==. Ce n'est bien sûr pas une raison pour ne pas exploiter votre mémoire auditive, bien au contraire !

LA MÉMOIRE AUDITIVE

Les profils auditifs se distinguent par une capacité à mémoriser en répétant les informations ou en les ==entendant énoncées==. Certains étudiants parviennent à réussir leurs études, comme ils disent, en «écoutant bien en classe».

Ils sont particulièrement capables de créer des associations auditives, parce que la sonorité d'un mot leur rappelle un autre. Exemple : «Rhône-Alpes» qui ressemble à la sonorité «Ronald». Parfois, une simple syllabe suffit à leur rappeler un mot qu'ils souhaitaient mémoriser. Ce type de mémoire et d'association est particulièrement pratique lorsque les mots-clés sont difficiles à retenir (médecine, droit, technique, etc.) ou lorsque vous devez mémoriser des discours, des citations ou des répliques de théâtre. À noter qu'également l'apprentissage des ==langues étrangères== est particulièrement facilité par la mémoire auditive (prononciation, mots aux sonorités approchantes, vocabulaire).

En répétant vos informations à voix haute ou en les réécoutant (enregistrez-les avec un dictaphone par exemple), vous exercez votre mémoire auditive.

LA MÉMOIRE KINESTHÉSIQUE

La mémoire kinesthésique est une mémoire beaucoup plus émotionnelle. Elle permet notamment de se souvenir des émotions, mais aussi des mouvements et des gestes, ce qui est moins connu (mais diablement efficace). Un exemple de la vie quotidienne est ce code que vous avez composé tellement de fois que vous vous souvenez plus facilement de vos mouvements que des chiffres utilisés.

C'est la mémoire sollicitée par les musiciens lorsqu'ils cherchent à mémoriser leurs partitions, leurs morceaux ou tout simplement un enchaînement d'accords. Les gymnastes et autres sportifs exploitent également ce type de mémoire au quotidien dans leur travail.

Si vous cherchez à avoir une bonne mémoire kinesthésique lorsque vous mémorisez des informations, je vous recommande chaudement de réécrire vos informations ou au moins de les reformuler. Je parle bien d'une écriture papier et non d'un fichier texte. C'est un effort que peu prennent le temps d'accomplir, alors que c'est l'une des façons de mémoriser la plus efficace qui soit. Nos grands-parents faisaient des pages d'écriture, ce n'est pas pour rien !

VOTRE PROFIL D'APPRENTISSAGE

À la lecture de ces différents profils, vous avez peut-être déjà une idée de la manière dont vous mémorisez la plupart du temps. Il est normal d'avoir une préférence. Mais pour progresser et avoir une excellente mémoire, vous devez être capable d'utiliser les deux autres types de mémoire. Votre cerveau déteste apprendre avec un seul canal.

L'exercice suivant va vous permettre de mémoriser différemment lorsque vous sentez que vous bloquez avec votre méthode habituelle. Dans bien des cas, un simple changement de canal de mémorisation fait la différence entre un apprentissage réussi et un blocage définitif.

Défi >>

Prenez connaissance de la définition suivante :

La prétérition (substantif féminin), du latin praeteritio («action de passer sous silence»), du supin praeteritum, est une figure de style consistant à parler de quelque chose après avoir annoncé que l'on ne va pas en parler. Elle permet de ne pas prendre l'entière responsabilité de ses propos et se reconnaît à l'emploi de formules particulières d'introduction comme «Ai-je besoin de vous dire...».

Mémorisez la définition ci-dessus avec vos différents canaux, en suivant les conseils ci-dessous :

Mémoire visuelle : essayez de vous représenter visuellement le plus possible cette définition en images, en scènes (vécues ou imaginées).

Mémoire auditive : enregistrez-vous à haute voix simplement en répétant la définition, de manière posée, en variant votre intonation, en respectant la ponctuation. Faites plusieurs essais en changeant votre humeur pour tester les différences.

Mémoire kinesthésique : écrivez cette définition sur papier, en utilisant vos mots, en soulignant ou surlignant ce qui vous semble important, et en pleine concentration, de manière calme et posée.

Quel type de mémoire s'est montré le plus efficace pour vous dans la mémorisation de cette définition ? N'hésitez pas à recommencer ce même exercice pour les informations qui vous bloquent, vous serez surpris des résultats !

L'IMPORTANCE DU SOMMEIL POUR VOTRE MÉMOIRE

POURQUOI VOTRE SOMMEIL EST DIRECTEMENT RELIÉ À VOTRE MÉMOIRE

Comme nous l'avons dit précédemment, la nuit, votre cerveau ne stoppe pas son fonctionnement pour autant. Il agit comme un filtre. C'est durant le sommeil qu'il effectue **un tri** dans les informations mémorisées au cours de la journée. Il mémorise à plus long terme, il **classe** les informations utiles et nettoie celles qui ne le sont pas en les **oubliant**. Avec un sommeil perturbé, interrompu ou carrément supprimé, ce filtre s'encrasse et **ne peut plus fonctionner correctement.** C'est un peu comme si vous ne changiez jamais l'eau d'une piscine. Au bout d'un moment elle deviendrait sale et ne donnerait pas vraiment envie de s'y baigner !

VOS CYCLES DE SOMMEIL

Votre sommeil fonctionne par cycles d'une heure et demie environ. À la fin de chaque cycle, vous entrez en sommeil paradoxal et vous vous réveillez, ou bien vous repartez pour un autre cycle. Voir l'illustration ci-dessous :

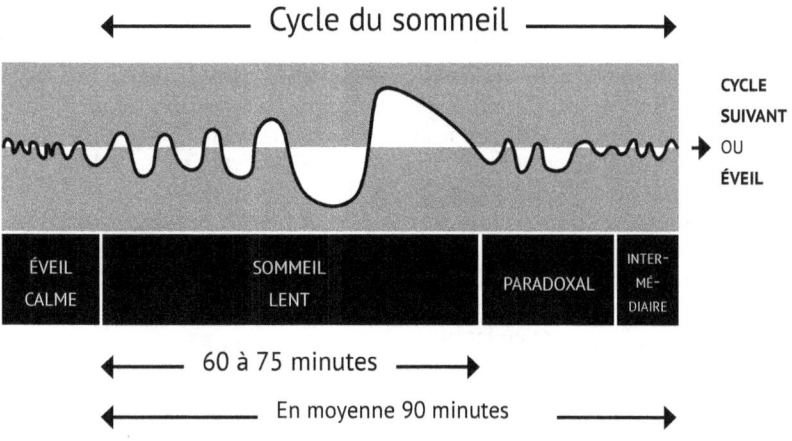

La plupart des études montrent qu'un adulte a un besoin minimum de 4 cycles de sommeil, soit environ 6 heures de sommeil par jour. Un adolescent aurait besoin d'un cycle de plus, soit 7 h 30 de sommeil environ. Le danger est de repartir dans un cycle de sommeil alors que vous êtes censé vous réveiller ou bien d'interrompre un cycle de sommeil avant qu'il ne soit fini (un réveil en sursaut par exemple).

C'est comme si vous interrompiez votre cerveau et son travail de classement dans votre mémoire. De plus, interrompre un cycle donne une sensation d'intense fatigue au lieu de vous reposer. En connaissant vos cycles, vous pouvez anticiper ces désagréments et optimiser le temps de classement de votre cerveau.

Voici quelques conseils pour optimiser la qualité de votre sommeil et éviter que vos cycles ne soient interrompus et passer de meilleures nuits.

CONSEILS PRATIQUES POUR OPTIMISER VOTRE SOMMEIL ET MIEUX MÉMORISER

Vous pouvez influencer votre sommeil en agissant sur trois critères : **vous, votre lit, votre chambre.**

>> VOUS

Pas d'écrans avant de dormir.

C'est généralement une mauvaise idée d'avoir les yeux fixés sur un écran avant de s'endormir (télévision, écran de smartphone, ordinateur, etc.), car vous empêchez la sécrétion de la mélatonine, l'hormone qui favorise l'endormissement. Si cela vous est trop difficile, prévoyez une petite demi-heure, qui servira de «sas de décompression» entre le repos de vos yeux et votre heure de coucher. Fixer une heure limite à partir de laquelle vous éteignez tous les écrans est une bonne idée. Rien ne vous empêche de... lire un bon vrai livre sans cristaux liquides dans les parages! Cela devrait même favoriser votre endormissement.

Pas de stress avant de dormir

Il n'est pas toujours évident de respecter ce point, car le stress provient de l'extérieur sans que vous puissiez en choisir l'heure d'arrivée. Cependant, de la même manière que vous laissez vos vêtements au pied du lit avant de vous coucher, vous pouvez décider d'abandonner, autant que possible et pendant la nuit, votre stress et vos préoccupations dans une boîte pour les traiter le lendemain, lorsque vous serez au maximum de vos capacités intellectuelles. Évitez par exemple de prendre de grandes décisions lourdes de conséquences avant d'aller vous endormir. Votre mémoire émotionnelle vous empêchera de dormir en ressassant le stress.

>> VOTRE LIT

Retournez votre matelas

Beaucoup de gens ignorent ce point qui est pourtant important. Au fil des semaines, votre matelas s'affaisse sous le poids de votre corps et peut perturber votre sommeil (et donc votre mémorisation!) en vous occasionnant des maux de dos. Le retourner une fois par mois peut suffire à pallier cet éventuel problème.

Comme on fait son lit, on se couche

Connaissez-vous cet adage? Vous connaissez cette sensation de se coucher dans un lit qui vient d'être fait? C'est agréable de se glisser dans les draps. En revanche, se coucher dans un lit défait comporte une sensation de routine, qui est parfois désagréable.

> Vous n'avez pas besoin de passer des heures
> à faire le lit. Mais prendre 5 minutes le matin

pour accomplir cette tâche est un investissement rentable. Oui, le matin avant de partir au travail ou à l'école, c'est bien plus efficace que le soir en rentrant.

Si vous êtes dubitatif, je vous conseille de faire le test de vous coucher pendant une semaine avec un lit fait pour le soir et de me dire les expériences que vous en retirez.

>> VOTRE CHAMBRE

Aussi noire que possible

Moins vous avez de luminosité dans votre chambre et mieux vous dormirez. Le moindre indicateur lumineux ou lumière extérieure a des chances d'interrompre un de vos cycles de sommeil. Dans l'idéal, essayez d'avoir une chambre dans laquelle vous ne distinguez même plus vos mains devant vous une fois la lumière éteinte.

La première source gênante étant la fenêtre, il peut être très efficace de remplacer vos rideaux par des rideaux opaques ou des stores californiens si beaucoup de luminosité émane de la fenêtre.

Pas d'écran

Non seulement les écrans sont des sources de luminosité (même éteints) mais en plus, ils sont générateurs d'ondes qui peuvent perturber la mémorisation de votre cerveau en pleine nuit. Enfin, comme évoqué précédemment, les écrans empêchent la sécrétion de l'hormone d'endormissement, la mélatonine.

À présent, vous allez découvrir un autre pan de votre hygiène mentale, tout aussi important, mais également souvent oublié : l'activité physique. Vous allez voir de quelle façon l'activité physique influe sur votre mémoire et comment en tirer avantage.

L'IMPORTANCE DE L'EXERCICE PHYSIQUE POUR VOTRE MÉMOIRE

POURQUOI L'EXERCICE PHYSIQUE EST LIÉ À VOTRE MÉMOIRE ?

Sans parler de sport, une activité physique simple aide votre cerveau à mieux s'oxygéner. L'afflux sanguin durant l'effort lui permet également d'être mieux alimenté en nutriments. En vieillissant, une partie de votre cerveau, l'hippocampe, se rétrécit, et cela vous provoque des pertes de mémoire. Mais si vous pratiquez une activité physique régulière, cet effet sera estompé en partie.

Si vous vous souvenez de cette image de votre cerveau en tant que filtre de vos informations durant vos périodes de repos, alors imaginez l'activité physique comme l'électricité (ou le carburant) de ce filtre. Lorsque vous l'en privez par rapport à ses besoins, il ralentit et devient moins efficace.

QUELLE ACTIVITÉ PHYSIQUE PRATIQUER ?

Pensez à une activité de type « cardio » en prenant soin de ne pas trop élever votre fréquence cardiaque. Celle-ci dépend de votre âge et de votre mode de vie, des conditions climatiques, de votre état de stress mais durant l'effort, votre fréquence cardiaque maximale théorique est de 200 moins votre âge, soit environ 180 à 40 ans. Il n'est pas conseillé de vous rapprocher de votre fréquence cardiaque maximale car vous n'oxygénez plus votre cerveau, vous entrez en phase d'apnée. L'effort est trop intense et court, et vous perdez les bénéfices sur votre mémoire que vous apporterait l'exercice physique.

==La course à pieds, le footing, le vélo, le rameur== sont des activités qui marchent bien et où votre effort est plus facilement dosable.

QUEL EST LE MEILLEUR MOMENT POUR PRATIQUER UNE ACTIVITÉ PHYSIQUE POUR MA MÉMOIRE ?

Le meilleur moment est sans conteste ==juste après avoir fourni un gros effort intellectuel,== comme une intense séance de mémorisation ou de révision. C'est après cet effort que votre mémoire commence à digérer l'information et c'est à ce moment qu'il a le plus besoin ==d'oxygène et de nutriments.== Notez également que si vous bloquez depuis un moment sur un point difficile, ou que vous cherchez des idées, l'exercice physique provoque souvent chez vous un éclair de génie et vous fait trouver la solution.

Y A-T-IL UN AUTRE EFFET BÉNÉFIQUE À L'EXERCICE PHYSIQUE ?

Oui. Outre les bienfaits sur votre santé physique, votre concentration et votre mémorisation, l'activité physique vous fait sécréter des ==endorphines.== Ces endorphines agissent directement sur votre sent==iment de bien-être et votre moral.== Avec un moral plus élevé, vous mémoriserez effectivement plus facilement. Vous trouverez vos associations mentales plus rapidement, et elles seront plus fortes dans votre esprit.

À présent, vous allez découvrir comment résister à un flux d'information intense sans épuiser votre mémoire.

COMMENT RÉSISTER AU RAZ-DE-MARÉE D'INFORMATIONS

Parfois, les informations à retenir vont beaucoup plus vite que prévu. C'est notamment le cas lorsque vous apprenez quelque chose d'entièrement nouveau. Ce peut être un logiciel, une toute nouvelle procédure au travail, un nouveau métier, ou tout simplement des études où tout s'enchaîne. Dans les deux chapitres précédents, vous avez vu les premiers conseils pour mémoriser efficacement. Dans celui-ci, vous allez découvrir les conseils pour mémoriser quand vous n'avez pas forcément le temps idéal pour tout intégrer. La mémorisation en « conditions extrêmes » en quelque sorte !

Ne paniquez pas !

Vous n'êtes pas seul dans cette situation. Oui, beaucoup d'informations différentes arrivent, oui elles sont toutes difficiles et elles font peur, mais vous allez y arriver. Si vous vous sentez submergé, sachez que beaucoup de vos problèmes peuvent s'atténuer considérablement avec de l'organisation un peu différente de vos habitudes.

TROUVER DU TEMPS ET LE GÉRER, MODE D'EMPLOI

Beaucoup de gens manquent de temps, et peu arrivent à faire tout ce qu'ils voudraient. Le problème est qu'ils essaient de trouver des plages de sessions longues pour avancer « efficacement ». Ils ont besoin d'au moins (grand minimum) une heure par-ci puis une autre heure par-là. Il leur faut le temps de se plonger dedans, de se remémorer ce qui a été vu, et de savoir par où commencer. En procédant ainsi, ils ont déjà perdu une bonne partie de leur heure.

De plus, comme vous l'avez vu précédemment, votre cerveau a vraiment beaucoup de mal à rester concentré autant de temps, surtout lorsque vous dépensez de l'énergie sur la meilleure manière de démarrer. Beaucoup de temps se retrouve ainsi gaspillé et les problèmes surviennent lorsqu'il en manque pour assurer le ==rythme== tous les jours.

Pour certains profils (mère de famille avec emploi du temps déjà surchargé), la mission semble même compromise : impossible de trouver des heures en plus, tout simplement.

Pour résister à un flux d'information intense, vous allez adopter une nouvelle façon de gérer votre temps. Vous n'allez plus chercher à allouer des heures à mémoriser quelque chose, mais ==vous allez récolter du temps, **minute par minute**==. Cinq minutes par-ci, dix par-là. Deux ici, entre deux cours. Cinq là, dans le bus du retour. Une dizaine le week-end, avant de sortir du lit. Deux minutes de séance de rappel en attendant votre fils à l'école, ou dans n'importe quelle situation d'attente en général.

Lorsque vous regardez votre emploi du temps, il est parsemé d'inactivités, de temps morts, ou même de temps inutile. L'idée n'est ==pas== de tous les combler (les temps morts servent au repos), mais d'avancer ==chaque jour un peu== plutôt que de vouloir avancer chaque semaine beaucoup. Même lorsque vous n'avez pas d'emploi du temps fixe, ==chaque jour, des opportunités de mémoriser se présentent==. Vous ne les utilisez pas parce que vous ne savez pas comment faire. Vous allez le découvrir par la suite, mais pour l'instant, concentrez-vous sur votre ==collecte de temps==.

En récoltant votre temps en minutes et non plus en heures, vous permettez à votre cerveau trois choses :

1. Une mémorisation moins douloureuse, et donc ==moins consommatrice d'énergie==, que vous aurez moins tendance à remettre à plus tard.

2. Une mémorisation de meilleure qualité. Plus facile pour votre mémoire de ==digérer== des petits bouts d'informations.

3. Une satisfaction personnelle, car même lorsque vous ne mémorisez pas pendant des heures, vous avancez chaque jour, et ==beaucoup plus rapidement que vous ne l'imaginiez==.

N'oubliez pas également que du temps peut être **trouvé**, en vous levant un quart d'heure plus tôt le matin par exemple, ou en vous couchant un quart heure plus tard (en admettant que vous ne soyez pas déjà un oiseau de nuit) tout en prenant bien soin de ne pas briser vos rythmes de sommeil.

Du temps peut être gagné en travaillant en groupe sur des points difficiles. Vous mémorisez beaucoup plus efficacement et beaucoup plus vite avec plusieurs cerveaux qui défrichent le problème.

NE SUR-APPRENEZ PAS !

Beaucoup de gens qui se lancent dans la mémorisation de cours font l'erreur de vouloir apprendre parfaitement. Ils passent énormément de temps à mémoriser à la perfection le premier chapitre d'un cours ou d'un manuel. Ils sont fiers d'eux, car effectivement, ils sont parvenus à bien mémoriser, au prix d'une débauche d'énergie et de temps conséquente. Ils ne pourront pas continuer à fournir cette même énergie plus tard, alors ils se décourageront par la suite.

Du temps peut être économisé lorsque vous respectez la courbe des rappels qui vous enseigne qu'il est inutile de procéder à plus d'un rappel d'informations le premier jour. Beaucoup ont tellement peur d'oublier qu'ils sur-apprennent et perdent du temps précieux en rappels, qui en plus se révèlent inutiles lorsqu'ils sont tous effectués le même jour.

Maintenant que vous avez réalisé qu'il était possible d'avancer en récoltant quelques minutes, il vous reste à savoir comment faire exactement. C'est le but des tout prochains chapitres, absolument indispensables pour réussir à mémoriser en continu tout au long de l'année.

COMMENT DISCERNER CE QUI EST IMPORTANT DE CE QUI EST ACCESSOIRE

Beaucoup d'étudiants pensent que tout est important et que tout doit être mémorisé. S'il est possible de mémoriser l'intégralité d'un cours, d'un film, d'un livre ou de quoi que ce soit d'autre, je ne vous le recommande pas. La dépense d'énergie et de temps est beaucoup trop importante pour vous permettre de tenir un rythme soutenu. En revanche, s'il y a quelque chose que vous devez acquérir et maîtriser, c'est votre esprit de synthèse. Vous devez savoir discerner l'essentiel de l'accessoire. Vous devez penser en « mots-clés » et non en texte intégral, car ce sont ces mots clés que vous allez mémoriser pour apprendre bien plus efficacement vos cours. Sans capacité à transformer vos cours en mots-clés, mémoriser vous demandera du temps et des efforts supplémentaires.

COMMENT MÉMORISER VOS COURS : LA TECHNIQUE DE L'ARMOIRE

Dans le processus qui va suivre, je vous donne la « technique de l'armoire » qui compare votre cours à un meuble avec des tiroirs, des boîtes et des objets. Cette technique va vous permettre de mémoriser vos cours plus rapidement et de distinguer très vite ce qui est important et ce qui l'est moins.

1- REPÉREZ LA LOGIQUE DE VOTRE COURS

Chaque cours obéit à une logique. Un fil conducteur. Souvent, le plan du cours fournit ce fil conducteur. Regardez attentivement vos chapitres, comment ils sont structurés et comment ils sont reliés aux autres cours de l'année.

==Ne cherchez pas à mémoriser avant d'avoir repéré cette logique.== Vous devez la comprendre et donc prendre le réflexe d'éclaircir ==toutes== les informations qui vous semblent nébuleuses.

2- RANGEZ VOS INFORMATIONS

Ne tombez pas dans le piège de tout vouloir mémoriser à 100 %. C'est beaucoup trop long et épuisant. C'est souvent ce qui fait paniquer les étudiants à une semaine des examens.

Vous allez devoir fonctionner par «boîtes mentales», comme si vous rangiez un meuble gigantesque. Le **meuble** en question, c'est votre ==cours tout entier.== Exemple: «le droit» Votre meuble contient des **tiroirs**: vos ==chapitres== de cours. Exemple pour le droit:«le code du travail».

Chaque tiroir contient des **grosses boîtes**: ==le plan de vos cours,== le fil conducteur et la logique. Il s'agit de la ==première couche== d'informations à mémoriser.

Chacune de ces grosses boîtes comprend (ou contient) des **petites boîtes**. Il s'agit ici des ==idées, des arguments et des théorèmes== qui articulent chaque partie de votre plan de cours.

Enfin, chaque petite boîte contient des **objets**: ==les exemples,== les informations chiffrées etc.

Toute information qui n'appartient pas à ces catégories de rangements va directement à la poubelle. ==Vous n'avez pas besoin de les mémoriser.== Organiser vos informations dans ce système va vous permettre de les retrouver facilement et rapidement grâce à un simple raisonnement.

3- MÉMORISEZ LE CONTENU DE VOTRE «MEUBLE»

Ne mémorisez pas chaque tiroir et son contenu (grosses boîtes, puis petites boîtes, puis objets) l'un après l'autre. Vous perdriez du temps. Vous allez ouvrir votre meuble mental (votre cours), puis commencer par mémoriser ==l'ensemble des tiroirs,== dans leur globalité (les chapitres de vos cours).

Une fois que vous aurez maîtrisé les tiroirs, vous referez la même chose pour l'ensemble des grosses boîtes (le plan du chapitre, le fil conducteur du chapitre, la logique du cours évoqués en 1ère étape).

Vous procédez de la même manière pour les petites boîtes (les idées et arguments et théorèmes) et enfin les objets (exemples, chiffres, etc.). De cette façon, vous avancerez rapidement sur tous vos cours en même temps.

Défi >>
Prenez un cours et appliquez les 3 étapes décrites ci-dessus. Si vous ne suivez pas de cours, vous pouvez tout à fait effectuer cet exercice avec un magazine, un livre, ou tout autre travail structuré.

LA RÈGLE DES 80/20 APPLIQUÉE AUX COURS

Vilfredo Pareto était un économiste italien du XIXe siècle à l'origine d'une loi qui porte son nom : la « règle de Pareto » ou des « 80/20 ». En analysant les données fiscales des pays, Vilfredo Pareto s'était rendu compte que 80 % des effets sont le produit de seulement 20 % des causes. 80 % des dettes sont issues de 20 % des causes possibles.

Cette règle est devenue célèbre car elle s'applique à beaucoup de domaines. 80 % du chiffre d'affaires d'une entreprise est générée par 20 % de ses clients. 80 % de vos dépenses sont issues de 20 % des sources de dépenses. 20 % des pays se partagent 80 % des richesses du monde. 80 % de l'importance d'un texte est issu de 20 % de son contenu. Etc.

Il en va de même lorsque vous cherchez à mémoriser un cours : 80 % de votre mémorisation est contenu dans 20 % des mots-clés du cours. Ces 20 % sont **les mots-clés**, c'est-à-dire les mots sans lesquels vous ne pourriez pas mémoriser un cours sans oublier des choses importantes.

Vous ne pourriez pas mémoriser un cours sur les voitures sans parler des roues qui les tiennent par exemple. En revanche, il est moins essentiel de retenir que certaines voitures ont huit roues et d'autres trois. Vous devez mémoriser que la voiture est un **véhicule** qui sert à se déplacer. Vous n'êtes pas obligé de mémoriser que la voiture peut servir à faire des courses de stock-car. Même si cela apparait dans votre cours, cela ne rentre pas dans les 20 % les plus importants.

Ce n'est **que** lorsque vous avez mémorisé ces 20 % de mots-clés indispensables à la compréhension de votre cours que vous pouvez vous permettre **d'élargir votre mémorisation** au reste (les exemples, les données chiffrées, les cas particuliers, les règles spéciales etc.).

Chercher ces 20 % a également un autre avantage indéniable : vous permettre de travailler une qualité essentielle en cette ère de surcharge d'informations : votre **esprit de synthèse**.

Alors comment pouvez-vous faire pour vous entraîner à trouver ces fameux mots-clés ? Lisez bien ce qui va suivre !

COMMENT TROUVER VOS MOTS-CLÉS, L'EXERCICE ULTIME

Il n'est pas toujours évident de trouver les meilleurs mots-clés. Souvent, mes élèves en formation ont envie d'en choisir beaucoup, par peur d'oublier des choses importantes. L'idée est au contraire d'en choisir **le moins possible**, alors j'ai mis au point un exercice difficile mais amusant.

Prenez un cours ou un livre. Trouvez **un mot-clé par paragraphe**. Ce mot-clé se représentera dans votre esprit sous la forme d'association mentale comme vous l'avez vu dans les chapitres sur les techniques de base. Il devra à lui seul symboliser votre paragraphe de la manière la plus complète possible.

Une seule image (mot-clé) par paragraphe peut vous paraître trop peu ou insuffisant, mais c'est pourtant une règle fondamentale d'écriture française : **une seule idée est développée par paragraphe** ! À vous de trouver cette idée et de la transformer en mot-clé. Plus tard, c'est celle-ci que vous devrez mémoriser en priorité.

> **Défi >>**
>
> Mettez en pratique la technique du mot-clé par paragraphe sur un ouvrage ou un cours conséquent dès à présent et procédez à un rappel de tête de vos images. Vérifiez ensuite si les associations mentales que vous avez choisies n'excluent pas des éléments importants du paragraphe.

Savoir synthétiser est **essentiel** si vous voulez tenir dans la durée. Par chance, c'est une compétence qui s'acquiert assez vite avec un peu de pratique.

L'ENSEIGNEMENT D'EINSTEIN

Einstein disait : « si vous ne savez pas l'enseigner à un enfant de 9 ans, c'est que vous ne le comprenez pas complètement ». Cette citation est vraiment représentative de l'idée de se concentrer sur l'essentiel et choisir les bons mots.

> Que vous parliez de physique quantique, d'une recette de cuisine, ou d'un livre compliqué que vous avez lu, votre but devrait être de dominer suffisamment votre sujet pour être capable de l'enseigner **en très peu de mots et de manière la plus complète possible** à quelqu'un qui n'y connait absolument rien.
>
> Vous allez mettre en pratique cette notion dès maintenant, en choisissant un sujet qui vous tient particulièrement à cœur.

> **Défi >>**
>
> Choisissez donc un sujet sur lequel vous aimez travailler, ou quelque chose qui vous passionne, mais qui est tout de même **assez technique**. À partir de là, procédez aux exercices suivants :
> Décrivez de la manière la plus complète possible ce sujet en 5 mots. **Pas un de plus, pas un de moins !**
> Faites le même exercice en 25 mots,
> pas un de plus, pas un de moins.
> Faites le même exercice en 10 lignes.
> Pas une de plus, pas une de moins.

Ces exercices vont vous permettre de synthétiser à l'extrême, puis vous mettre un peu plus à l'aise. En 10 lignes vous aurez le choix de mettre beaucoup de détails dans votre sujet, mais vous vous rendrez vite compte que vous devrez «broder» et ajouter des détails superflus. Cet exercice est vraiment efficace pour trouver ==les mots-clés à mémoriser== d'un sujet ou d'un cours.

Pour résister à un flux de travail intense et tenir sur la durée sans surcharger votre mémoire, il vous reste un point à aborder : celui de la lecture rapide. Vous allez découvrir non seulement comment gagner un temps fou, mais également comment avoir une lecture de meilleure qualité, et donc plus facile à mémoriser.

COMMENT AUGMENTER VOTRE VITESSE DE LECTURE ET MIEUX MÉMORISER

Le nombre d'informations à lire est en constante augmentation. Pour ne pas décrocher, vous devez adapter votre lecture. Sans parler uniquement de vitesse, vous devez aussi penser à une façon plus efficace et de mieux mémoriser l'information en la lisant. C'est une condition essentielle si vous voulez tenir bon dans les périodes où vous êtes beaucoup sollicité intellectuellement. C'est l'objet de ce chapitre où vous allez découvrir qu'avec des astuces simples vous pouvez considérablement améliorer votre rapport à la lecture.

FORCEZ-VOUS À LIRE PLUS VITE POUR MIEUX MÉMORISER

Paradoxalement, vous forcer à lire plus vite vous fait mieux mémoriser. Lorsque vous lisez à un rythme de croisière tranquille, votre esprit se laisse bercer et a le temps de revenir au début de la phrase, voire du paragraphe. Vous relisez beaucoup de fois les mêmes choses et vous ne terminez pas ce que vous lisez. Votre cerveau se distrait facilement et cela parasite votre mémorisation.

Lire plus vite que d'habitude de façon volontaire force votre esprit à être plus concentré pour suivre cette nouvelle cadence. Il est moins tenté de quitter l'instant présent pour penser à autre chose, et cela vous garantit d'avoir une mémorisation plus efficace. Lire trop vite en revanche vous ferait perdre le fil. Ce sera à vous de trouver la bonne cadence entre vitesse et efficacité. Un bon lecteur lit environ 300 mots à la minute. Un très bon lecteur en lit 400, et un lecteur moyen autour de 200. L'idée est d'augmenter au minimum de 100 mots par minute, donc de passer à une catégorie supérieure.

Avec de l'entraînement, il est tout à fait possible de doubler votre vitesse de lecture. Lorsque vous voudrez aller au-delà, nous parlerons plutôt de survol.

COMMENT LIRE PLUS RAPIDEMENT SANS SE FATIGUER LES YEUX

Lorsque vous lisez, vos yeux effectuent des mouvements pour suivre la ligne. Ces mouvements leur coûtent un peu d'efforts. Essayez de bouger vos yeux de gauche à droite pour constater ces efforts. Dans la lecture, l'énergie dépensée est moindre, mais existe quand même. Au fil des lignes, vos yeux se fatiguent. Vous devez donc appliquer une astuce toute bête, mais indispensable si vous voulez lire sur de longues périodes en mode lecture rapide.

Utilisez un guide visuel. Un objet comme un crayon, ou même votre doigt qui accompagnera votre lecture. À l'école, les instituteurs vous empêchaient peut-être de lire avec le doigt, et pourtant, si vous voulez augmenter votre vitesse de lecture, c'est l'une des meilleures façons de progresser !

Forcez vos yeux à suivre l'allure de votre guide visuel. Si vous lisez sur écran, le pointeur de la souris peut remplir le rôle de guide visuel.

> **Défi >>**
>
> Prenez une page de journal, ou un texte, ou bien un chapitre de cours assez long, et utilisez un guide visuel pour le lire en vous forçant à lire beaucoup plus rapidement qu'à l'accoutumée. Notez à quel point vos yeux effectuent moins d'efforts que d'habitude lors de votre lecture. Essayez ensuite de lire de plus en plus vite, jusqu'à un ythme vraiment trop rapide.
>
> Recommencez cet exercice sur une page ou eux à une vitesse résolument trop rapide pour vous habituer à ce nouveau rythme.

L'EFFET «AUTOROUTE»

Imaginez que vous conduisiez sur l'autoroute. Une longue autoroute en ligne droite où vous seriez seul. La limitation de vitesse est de 130 km par heure. Vous roulez une bonne heure à cette vitesse, puis subitement, la vitesse passe à 110, puis à 90 km par heure. Conduire à cette vitesse vous paraîtrait incroyablement lent après avoir passé tant de temps à la vitesse supérieure. C'est ce que j'appelle l'effet «autoroute».

> Votre lecture et votre cerveau auront l'impression que vous lisez trop lentement si vous passez ne serait-ce qu'une semaine à lire à une cadence imposée. Ainsi, vous pouvez engranger beaucoup plus d'informations qu'à l'accoutumée, et trouver celles qui sont importantes pour vous.

LE SURVOL SÉLECTIF POUR MIEUX MÉMORISER

Lorsque vous lisez des romans ou de la lecture «détente», il n'y a aucun intérêt à pratiquer la lecture rapide. Vous gâcheriez votre plaisir en empêchant votre cerveau de s'immerger dans un autre monde ou de s'évader. En revanche, lorsque vous lisez des cours ou de la lecture d'information, survoler devient essentiel.

> Survoler est l'art d'aller rechercher l'information souhaitée rapidement et de repérer les structures d'un cours ou d'un texte pour en comprendre le cheminement. Savoir survoler va vous permettre de gagner un temps précieux. Encore faut-il savoir le faire correctement. Voici comment :

>> QQOQCP

Cet acronyme veut dire : «**qui, quoi, où, quand, combien, pourquoi**». Ce sont des questions de base à vous poser lorsque vous lisez un texte nouveau. Vous devez rechercher les réponses à ces questions.

> En le faisant, vous vous garantissez une compréhension rapide du cours ou du texte dans son ensemble et vous pouvez concentrer votre énergie directement à la recherche de ces réponses et à leur mémorisation.

> **Défi >>**
>
> Allez sur Wikipédia.org ou dans une encyclopédie, et faites une recherche sur un événement historique dont vous avez entendu parler ou qui est directement relié à un de vos cours. Si vous n'avez pas d'idée (ou pas de cours), prenez en exemple les accords de Yalta en 1945 pour vous exercer. Le plus rapidement possible, essayez de trouver en survolant la page (sans la lire en entier) les réponses aux questions :
>
> Qui est concerné ? Quand ont-ils eu lieu ? Où ont-ils été signés ? De Quoi s'agissait-il ? Combien de mesures, de pays, de sujets touchaient-ils ? Pourquoi en a-t-on eu besoin ?

>> LES MOTS IMPORTANTS

Certains mots sont plus importants que d'autres car ils annoncent une idée importante : « en premier lieu », « avant toute chose », « c'est pourquoi », « cela veut dire que », « d'autre part », etc. Ou bien ils vous mettent en garde : « en revanche », « mais » « attention à », etc.

Quand vous voyez ces mots, ainsi que d'autres (car la liste n'est pas exhaustive), ralentissez votre lecture/survol et prêtez attention à ce qui suit.

>> LES DÉBUTS DE PARAGRAPHE

Selon les règles d'écriture françaises, chaque paragraphe développe une idée, et dans des ouvrages comme des manuels scolaires, des textes informatifs ou des cours, les idées se trouvent énoncées rapidement en début de paragraphe. Vous seriez donc bien inspiré de ralentir votre survol à ces endroits.

Vous avez à présent les outils pour ne pas être noyé par vos lectures impératives. Pratiquer le survol et la lecture rapide vous demandera un peu d'efforts au début, mais vous allez gagner un temps précieux à tous les niveaux avec un peu de persistance : lors de votre mémorisation, de vos révisions et de votre recherche de mots-clés pour mémoriser. Il serait donc dommage de ne pas l'employer lorsque vous croulez sous les lectures !

Pour être armé jusqu'au bout, il vous reste un outil à découvrir. Un outil pour mémoriser qui a changé la vie de centaines de milliers de personnes à travers le monde et qui pourrait bien changer la vôtre : les cartes mentales !

LES CARTES MENTALES POUR APPRENDRE PLUS RAPIDEMENT

Les cartes mentales, aussi appelées cartes heuristiques ou *mind-mapping* sont un moyen graphique et ludique de représenter les idées, les concepts, les problèmes, les livres, les films, les cours... et à peu près tout ce qui existe sur cette planète.

Créer une *mind map* est simple, amusant et très efficace pour booster l'apprentissage et la mémorisation. Voici un exemple de mind map réalisé par un lecteur de Potiondevie.fr

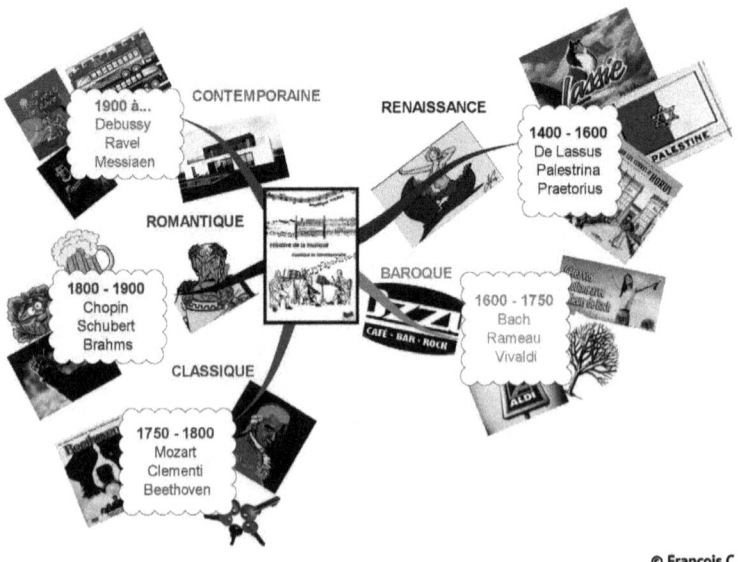

© François C

À QUOI SERT UNE CARTE MENTALE ?

Une carte mentale, c'est comme si vous dessiniez une cartographie de votre propre cerveau et de son mode de fonctionnement. Alors qu'une prise de notes traditionnelle est constituée de tirets et de phrases recopiées mot à mot au stylo noir, une carte mentale est colorée, part d'un cœur d'idées et se développe dans tous les sens, en branches. Cela peut vous surprendre au début, mais c'est comme cela que fonctionne votre mémoire : en ramifications, branches, réseaux d'idées. Votre cerveau adore la couleur, les associations d'idées, et associer les idées tous azimuts en partant d'une idée centrale comme point de départ.

Voici mes applications préférées pour utiliser les cartes mentales :

- Mémoriser des livres
- Aider à la mémorisation et à l'apprentissage des cours complexes
- Prendre des notes
- Trouver des idées nouvelles
- Résoudre des problèmes complexes
- Mémoriser des discours
- Organiser les idées
- Retranscrire la structure d'un cours pour voir si je l'ai compris

Il existe bien d'autres applications possibles bien sûr, mais découvrez maintenant comment créer votre première carte mentale, et n'ayez crainte : vous n'avez pas besoin de savoir dessiner !

COMMENT CRÉER VOTRE PREMIÈRE CARTE MENTALE

Respectez ces quelques règles et vous serez prêt à vous lancer :

LE CŒUR DE LA CARTE

Vous partez toujours du centre de votre page. C'est le cœur de votre carte mentale. Vous pouvez écrire un mot symbolisant votre problématique. Par exemple, le titre de votre cours. Vous pouvez dessiner votre cœur de carte, c'est même encore mieux. À partir du cœur, vous faites partir des branches et des sous-branches, symbolisant des idées ou des réflexions. Par exemple, si vous utilisez une *mind map* pour mémoriser le contenu d'un cours, ce peut-être une bonne idée de faire une branche par sous-partie ou chapitre du cours.

LES COULEURS

Votre cerveau aime les couleurs et retient bien mieux ce qui est coloré que le noir et blanc. Vous vous souviendrez que la branche rouge, c'était celle du code des finances et la verte, c'était le droit de la famille, par exemple, si vous mémorisiez des cours de droit.

UN SEUL MOT PAR BRANCHE

N'écrivez pas des phrases, mais des concepts qui se synthétisent en un mot ou deux. Votre but est d'avoir une vision d'ensemble de votre carte mentale et de votre cours. Plus il y a de mots, plus cela vous ralentit.

FAITES DES DESSINS

Comme le dit l'adage, un petit dessin vaut mieux qu'un long discours. Faites beaucoup de petits dessins pour résumer votre pensée et accompagner les mots. Parfois vous pouvez même remplacer les mots que vous avez écrits sur vos branches par des dessins, tout simplement. Par exemple, plutôt que d'écrire «Appel téléphonique», dessiner un téléphone se révélera plus efficace et plus facile à retenir pour votre cerveau.

> Les Chinois sont des maîtres dans l'art de faire passer beaucoup d'idées en un seul pictogramme. Ceux utilisés pendant les Jeux olympiques de Pékin 2008 en sont un exemple flagrant. En un trait ou deux, sans un seul mot marqué, vous savez très bien quelle discipline est représentée. La quintessence de l'esprit de synthèse !

COMMENT DÉMARRER

Prenez une feuille, des crayons ou des stylos de couleur. Partez d'un cœur de carte, et laissez votre esprit voguer. Faites des branches avec ce qui vous vient en tête. Décortiquez les branches en sous-branches qui correspondent aux chapitres ou aux contenus importants traités, faites des petits dessins, mettez de la couleur, synthétisez votre pensée en un mot ou deux par branche ou sous-branche.

Vous pouvez vous retrouver avec une carte assez déséquilibrée, c'est-à-dire avec des branches surchargées d'un côté et d'autres presque vides. C'est le signe que vous auriez pu l'organiser différemment et suivre un modèle de mémorisation différent, que certaines sous branches pourraient en fait devenir des branches à part entière, vous donnant ainsi une meilleure visibilité sur votre cours, comme si vous le survoliez depuis le ciel.

COMMENT MÉMORISER AVEC UNE CARTE MENTALE

Le fait de dessiner la carte est ==déjà en soi un processus de mémorisation==. C'est comme si vous passiez un contrat avec vous-même, votre cerveau est beaucoup plus attentif à ce que vous écrivez. De plus, vous faites un effort cognitif d'organisation de l'information qui vous permet de mieux vous rappeler la ==structure== de celle-ci. Vos révisions peuvent donc simplement se baser autour d'une carte redessinée pour voir si vous avez bien retenu tous les concepts-clés. Cela se révélera suffisant dans la plupart des cas.

Vous voici à présent armé pour résister aux grosses périodes de travail de mémorisation. Dans le prochain chapitre, vous allez découvrir comment mémoriser les informations les plus difficiles. Fini les galères et le stress pour apprendre !

CHAPITRE 6
COMMENT MÉMORISER DES COURS

« Étudie,
non pour savoir
plus, mais pour
savoir mieux »

Sénèque

Il est temps de mettre en pratique tout ce que vous avez appris pour mémoriser les informations les plus difficiles. Dans ce sixième chapitre, je vous montrerai comment vous pouvez utiliser les techniques de l'art de la mémoire pour retenir des informations réputées difficiles. Un petit rappel avant de commencer : il est normal que les techniques vous demandent un peu plus d'efforts qu'à l'accoutumée au début. Persistez et vous gagnerez un temps précieux à la fin, entre apprentissage, révision et restitution le jour J.

Un autre point que je voulais vous rappeler est que vous pouvez mémoriser absolument tout type d'information. Vous n'avez pas qu'une seule façon d'utiliser votre mémoire. Selon votre profil d'apprentissage, votre technique préférée, et le type d'information, sachez que vous aurez toujours un moyen de parvenir à vos fins.

COMMENT MÉMORISER L'HISTOIRE ET LES DATES FACILEMENT

L'Histoire est une matière remplie de dates complexes où il est très facile de faire des confusions. Sans technique, c'est une tâche particulièrement ardue. Fort heureusement, vous avez bâti un tout nouveau système de mémorisation chiffré qui va transformer ce calvaire en une véritable partie de plaisir. Regardez de plus près à quoi ressemble une date à mémoriser au travers de cet exemple :

18 mai 1804 : Napoléon devient empereur.

3 informations chiffrées (18, mai et 1804) et une information clé : Napoléon + Empereur.

Tout ceci doit tenir dans une scène, ou association mentale. Je parle de « scène » car il s'agira plus d'un petit film mental comprenant plusieurs éléments qu'une simple image fixe. Pour commencer, regardez la date. Convertie en chiffres, elle donnerait : 18/05/1804. Vous pouvez convertir chaque tranche de 2 chiffres en personnage, action ou objet de votre système chiffré. Si je prends comme exemple celui que j'ai créé et que vous trouverez dans le chapitre 4-9, le premier chiffre (18), serait converti en Sherlock Holmes. Situé en deuxième position, le mois de mai (05) peut également être traduit en chiffres pour réaliser l'action effectuée par Sherlock Holmes. L'image 05 appartient au mandarin : fumer de l'opium. La suite de l'histoire devient donc : Sherlock Holmes fume de l'opium. Pour compléter la date, il manque l'année : 1804. Vous pouvez continuer le même cycle et prendre **l'objet** du personnage numéro 18 (encore une fois Sherlock Holmes !). Quant au 04 de « 1804 », vous pouvez repartir sur un personnage comme pour recommencer un cycle : 04, Robin des bois. Votre scène finale contenant toute la date devient donc :

Sherlock Holmes fume de l'opium avec une loupe devant Robin des bois.

Avec cette petite histoire basée sur votre système chiffré, vous avez mémorisé de façon certaine cette date. Pour l'instant, vous ne savez pas à quoi elle correspond, car il manque un élément : l'événement.

Votre information clé à retenir est « Napoléon devient empereur ». À quoi cela vous fait penser ? Vous devez exercer ici votre mémoire associative. J'imagine un couronnement, et cela tombe bien car il existe justement un tableau représentant cette scène. Je pourrai imaginer cet événement comme s'il se déroulait devant mes yeux, dans un silence presque absolu.

Votre date est mémorisée avec votre histoire, votre événement est mémorisé suite à une association mentale. Il vous reste à relier les deux dans une scène.

Le couronnement de Napoléon se passe bien, jusqu'à ce que Sherlock Holmes fasse irruption dans la salle en fumant de l'opium et jetant sa loupe sur l'empereur. Visiblement Sherlock Holmes est perturbé ! (et Robin des bois, où est-il ?)

Cette scène aussi absurde que drôle a le mérite d'être mémorable et donc particulièrement précieuse. Vous pouvez mémoriser de cette manière autant de dates et événements que vous le désirez. Votre système chiffré vous fournira de longues heures de rigolade, ce qui contribuera à rendre vos cours plus amusants.

Un autre exemple et puis ce sera à vous de jouer :

1163-1250, construction de la cathédrale Notre-Dame de Paris.

Ici, vous n'avez pas de date avec les mois et les jours mais une période. C'est souvent le cas lorsque vous avez des règnes de rois, ou des guerres, ou des événements comme celui-ci. Le principe reste le même : traduire chaque tranche de 2 chiffres en personnage, puis action, puis objet, et à nouveau personnage.

1163 devient donc : Lex Luthor conduit une Formule 1...

Et 1250 : ... sur laquelle une liane est attachée (objet de Tarzan) et 50 cents le rappeur qui s'accroche à cette dernière. Mon association pour Notre-Dame devient simplement la cathédrale elle-même. Je peux imaginer cette scène prendre place sur les toits de la bâtisse.

> **Défi >>**
>
> À l'aide de la méthode décrite dans les exemples précédents, mémorisez les 3 dates ci-dessous :
>
> - 9 novembre 1989 : la chute du mur de Berlin
> - 1337-1453 : guerre de cent ans
> - 25 mars 1957 : traité de Rome qui fonde la Communauté Economique Européenne
>
> Astuce :
>
> Pour la dernière date, l'événement peut vous demander 2 images : une pour Rome et une pour « C.E.E ». Le principe reste le même, n'ayez pas peur d'avoir une scène trop grande, cela n'arrivera pas !

COMMENT SIMPLIFIER VOTRE MÉMORISATION DES DATES

Si la plupart de vos dates se situent au XX siècle ou au XXI siècle, vous n'avez pas besoin de faire l'effort de mémoriser les deux chiffres des siècles, vous pouvez directement mémoriser les deux chiffres des années pour vous économiser une conversion en image. Si vos dates ne couvrent que deux siècles, vous pouvez mettre en place un système pour vous rappeler comment ne pas les confondre. Ce peut être un détail en plus :

> **Exemple :**
>
> J'imaginerai toutes les images des dates de l'autre siècle seront en feu pour ne pas que je confonde.

COMMENT MÉMORISER DES COURS 173

> **Défi >>**
>
> Mémorisez les dates suivantes sans créer d'image pour les 2 premiers chiffres du siècle :
>
> – 1922 : formation de l'Urss
>
> – 11 novembre 1918 : armistice de la Première Guerre Mondiale
>
> – 1946-1958 : IVᵉ République
>
> – 1ᵉʳ janvier 2002 : entrée en vigueur de l'euro en France

Les dates ont toujours un moyen d'être mémorables, et avec votre système chiffré, cela devient nettement plus facile. Attention à ne pas oublier vos répétitions espacées, même si vous vous sentez très confiant.

> Cette technique est suffisante, seule, pour vous permettre de mémoriser un grand nombre de dates différentes tout en vous amusant, mais si vous avez vraiment un très grand nombre de dates à retenir, je vous suggère de lire la suite car vous allez vraiment passer à la vitesse supérieure.

PALAIS DE MÉMOIRE ET DATES

Lorsque vos dates à mémoriser sont réparties sur plusieurs siècles, ce peut être une très bonne idée de les ranger dans un palais de mémoire pour vous faire économiser pas mal de temps et d'efforts. Voici comment vous pouvez faire :

> Pour chaque siècle, vous pouvez décider d'un lieu suffisamment vaste pour y stocker un ensemble de scènes, donc de dates importantes. Par exemple, l'an 1000 pourrait être un grand parc de la ville, l'an 1100 pourrait être le stade, 1200 la grande place de la ville, 1300 le centre commercial, 1400 les cinémas que vous connaissez, 1500 un village voisin, 1600 un autre parc de la ville ou d'une ville que vous connaissez, 1700 l'endroit où vous avez passé vos dernières vacances, 1800 la bibliothèque municipale, 1900 une école, 2000 une partie de votre lieu d'habitation. Peu importe la manière dont vous avez choisi ces lieux, l'essentiel étant que vous

pouvez à présent vous faire l'économie des 2 premiers chiffres de l'année de chacune de vos dates. Par exemple, le 8 mai 1945 (08-05-1945) deviendrait 08-05-45 (le 19 étant symbolisé par le lieu que vous avez choisi).

> **Défi >>**
>
> Choisissez 10 lieux représentant chaque siècle de l'an 1000 à l'an 2000 comme dans mon exemple précédent.

**NIVEAU AVANCÉ :
DEVENIR L'EXPERT EN HISTOIRE**

En poussant la technique du palais de mémoire encore plus loin, vous pouvez même économiser l'effort de mémoriser les mois. Pour cela il vous suffit de prendre chacun de vos 10 lieux choisis précédemment et d'y intégrer un voyage de 12 étapes (voir chapitre 4-4).

Exemple :

Mes images pour les dates des années 1300 se situent dans le centre commercial. À l'intérieur du centre commercial, je décide d'un parcours de 12 étapes :

1 – La porte d'entrée
2 – Le Fast-food qui est juste derrière la porte d'entrée
3 – Les bancs avec la fontaine, juste après le fast-food
4 – Les escalators (juste après la fontaine)
5 – Le manège pour enfants (en haut des escalators)
6 – La bijouterie (à côté du manège)
7 – La boutique du père Noël (pourquoi pas !)
8 – Le sapin (à côté de la boutique)
9 – Mon magasin de vêtements préféré (à côté du sapin)
10 – Le marchand de glaces (un peu plus loin)
11 – La pizzeria (encore un peu plus loin)
12 – L'entrée de l'hypermarché (à la fin)

Chacune de ces 12 étapes représente un mois dans l'ordre. Une date de septembre du XIVᵉ siècle (années 1300) prendra donc obligatoirement place à la 9ᵉ étape de mon voyage centre commercial : le magasin de vêtement. De cette façon, il ne vous reste plus que le jour (si vous en avez absolument besoin), l'année exacte et l'événement à mémoriser.

Exemple :

14 octobre 1323 devient donc 14-23 :
Arnold Schwarzenegger (14) fait un lancer franc
(23) sur le marchand de glace (10ᵉ étape = octobre).
Le marchand de glace se situant dans le centre
commercial, vous savez automatiquement qu'il s'agit
d'une date du XIVᵉ siècle et que cela se passait en octobre !

À vous de jouer maintenant :

> **Défi >>**
>
> Prenez le lieu que vous avez choisi pour le XVIᵉ siècle et découpez-le dans un voyage de 12 étapes. Ces 12 étapes vont former vos mois. Puis mémorisez les dates fantasques ci-dessous :
>
> – 12 janvier 1515 : Unification du Japon
>
> – 25 Avril 1587 : les tomates deviennent bleues
>
> – 30 juin 1564 : Louis XX monte sur le trône de France
>
> – 14 juillet 1514 : Invention du bus
>
> – 7 novembre 1551 : réapparition des dinosaures

Lorsque vous avez un règne à mémoriser qui s'étend d'une période à une autre, vous n'avez généralement pas besoin des mois, mais si c'est malgré tout le cas, vous n'avez pas le choix, vous devez mémoriser l'ensemble des éléments avec le découpage vu au début de ce chapitre. Pour la majorité des dates à mémoriser, vous n'avez pas besoin des jours exacts, juste des mois, ce qui vous allège encore la tâche.

> Avec la pratique, vous vous rendrez vite compte que vous pouvez faire le chemin de votre mémoire dans les deux sens, c'est-à-dire retrouver la date exacte en partant de l'événement ou un événement en partant de la date exacte à mémoriser. Pour vous en convaincre, après avoir fait l'exercice précédent, essayez de retrouver la date exacte de l'unification du japon et de l'invention du bus pour voir !

Vous voici paré pour être un véritable expert en histoire. La technique simple du début de ce chapitre suffit, mais je vous recommande de vous exercer à utiliser l'ensemble de la méthode car elle est vraiment efficace lorsque vous avez un nombre très élevé de dates à retenir. À présent, il est temps de jeter un œil à la matière sœur de l'Histoire : la Géographie !

ÊTRE INCOLLABLE EN GÉOGRAPHIE

La géographie est une matière différente des autres car elle est souvent reliée à des informations en cartes ou en schémas. Vous devez retrouver où se trouvent les pays, les villes, les pays, les fleuves, les continents, etc. Connaître la géographie, c'est connaître une partie du monde, et avoir une culture générale bien meilleure. Pour être incollable en géographie, vous allez procéder par niveaux, en commençant du plus simple au plus impressionnant.

MÉMORISER TOUS LES PAYS ET CAPITALES DU MONDE

Afin de mettre le pied à l'étrier et de vous surprendre, la tâche idéale est de mémoriser tous les pays et capitales du monde, puis de savoir les replacer sur une carte. Pour réaliser ceci, vous devrez découper la tâche en plusieurs étapes :

1. **Découper le monde en plusieurs secteurs (continents)**
2. **Choisir un continent et le mémoriser**
3. **Passer au suivant**
4. **Effectuer des rappels**

>> DÉCOUPER LE MONDE EN PLUSIEURS SECTEURS

Vous n'allez pas mémoriser le monde entier dans sa globalité en une fois. Vous perdriez beaucoup de temps car vous oublierez beaucoup de pays et de capitales. Pour rendre votre tâche plus facile, vous allez mémoriser chaque continent l'un après l'autre. L'une de ces répartitions pourrait être la suivante :

- L'Europe jusqu'à la Turquie
- Le Moyen orient
- L'Asie mineure
- L'extrême orient
- L'Océanie
- L'Amérique du Nord et centrale
- L'Amérique du Sud
- L'Afrique

Cela vous fait 8 secteurs différents, mais sachez que vous pouvez tout à fait découper encore plus votre mémorisation. Il en va de même pour les pays limites de ces secteurs, à vous de décider les frontières de ceux-ci.

> Variante : la technique de la Barbe-à-papa
>
> Le principe est de partir de votre pays, et de mémoriser ensuite chacun de ses pays frontaliers. Lorsque c'est fait, vous mémorisez les pays frontaliers de ces derniers, et ainsi de suite jusqu'à arriver au bout du monde. Pour vous aider, il est évidemment nécessaire d'avoir une carte mondiale sous la main.

Défi >>

Découpez le monde en secteurs, à votre façon, mais sans oublier un seul pays.

Il est à présent temps de choisir un continent ! Si vous êtes européen, c'est une bonne idée de commencer par ce continent car il sera plus facile, tout en comportant plus de quarante pays. Sachez que le plus difficile est l'Océanie en raison de ses nombreuses petites îles.

> Listez les pays du continent que vous avez choisi, sur une feuille ou sur un tableur, puis remplissez déjà ceux dont vous connaissez la capitale et que vous sauriez replacer sur une carte. Vous devriez déjà en

connaître un petit nombre, ce qui vous en fera moins à mémoriser. À l'aide de Wikipédia ou d'un atlas, vous allez compléter le reste des pays et des capitales de façon à vous créer une liste de chaque pays et de chaque capitale.

>> MÉMORISER UN PAYS ET SA CAPITALE

Prenez un pays de votre liste. Trouvez une association imagée ou un symbole pour ce pays. Il est facile de trouver une image pour l'Angleterre ou la France, mais que prendriez-vous pour la Pologne par exemple ? C'est plus difficile, mais comme vous maîtrisez les techniques de base, vous finirez par trouver. Par exemple, vous pouvez prendre un polo pour vous rappeler la Pologne, qui commence par les mêmes syllabes.

Une fois trouvée votre association pour le pays, vous devez maintenant en trouver une pour la capitale. Cela vous demandera un peu plus d'efforts que pour le pays, mais le principe reste le même : prenez ce qui vient.

Exemple : Dalap Uliga Darrit est la capitale des îles Marshall. Les îles Marshall, cela me fait penser à un Marshall, sorte de shérif américain qui veille à la sûreté du territoire. Pour Dalap Uliga Darrit, le mot est compliqué, je m'exerce déjà à l'écrire et à le prononcer pour bien m'en imprégner. En faisant tourner en boucle cette capitale dans ma tête, je pense à une tablette de chocolat blanc Galak des années 90. J'imagine une association mêlant mon shérif Marshall et cette tablette de chocolat blanc : Le Marshall mange une tablette de Galak sur son cheval. Normalement, Galak devrait suffire pour me souvenir du reste (Uliga Darrit), mais si ce n'est pas le cas, vous devez ajouter une autre partie à votre association pour la compléter.

Défi >>

À vous de jouer ! Trouvez une association qui lie ces capitales à leurs pays :

Malte : La Valette
Croatie : Zagreb
Nouvelle-Zélande : Wellington
Bélize : Belmopan
Vietnam : Hanoï
Mauritanie : Nouakchott

SAVOIR REPLACER LES PAYS SUR LA CARTE

L'étape suivante consiste à savoir replacer les pays sur la carte du monde. C'est bien évidemment le plus difficile, mais le plus gratifiant une fois que vous y serez arrivé ! Reprenez votre liste de continents ainsi que toutes les associations que vous avez trouvées pour les pays du continent que vous avez choisi. Votre but consiste à placer vos images sur les pays correspondants comme s'ils faisaient partie d'une scène gigantesque. Vous pouvez juste les repérer individuellement ou relier vos images entre elles pour vous souvenir de l'ordre. Une autre option consiste à déterminer à l'avance un parcours entre chaque pays, comme vous le feriez pour un voyage ou un palais de mémoire. Chaque pays limitrophe deviendrait un endroit pour stocker vos associations déjà prêtes.

Plus vous pouvez «matérialiser» ce processus (en prenant un vrai planisphère et en y mettant des vraies images ou photos), plus vous mémoriserez vite l'emplacement et les capitales de chaque pays. Une chose demeure importante : ne passez pas au continent suivant avant d'avoir maîtrisé celui que vous avez choisi au départ, et n'oubliez pas les répétitions espacées de la courbe de l'oubli. Vous saurez que vous avez bien mémorisé lorsque vos réponses lors de vos rappels deviendront instantanées. À ce moment-là, vous n'aurez plus besoin de trajet ou d'image, cette connaissance géographique sera stockée dans votre mémoire à long terme.

Exemple avec l'Ex-Yougoslavie :

À côté de l'Italie et des gondoles de Venise, je dois mémoriser l'emplacement des pays de l'Ex-Yougoslavie. J'ai pris ici des exemples d'acteurs, vous pourrez utiliser Google si vous avez besoin de voir leurs photos. Cela commence par la Slovénie. J'imagine Lucy Liu (pour Ljubljana) danser un slow (pour Slovénie) avec Zack Efron (pour Zagreb) devant une foule de corbeaux (Croâ Croâtie). De cette façon je sais que la Slovénie est juste avant la Croatie et je sais leur capitale. Sarah Michelle Gellar (pour Sarajevo) assiste à la scène impuissante du haut d'une grande bosse (Bosnie-Herzégovine). Plus loin, le comte de Monte-Cristo (pour Monténégro) fait un pogo (pour Podgorica). En haut, une belle dame (Belgrade) coupe le blé à la serpe (Serbie). Enfin, encore un peu plus loin dans le champ, Cristina Aguilera (pour Pristina) chevauche un veau (pour Kosovo).

Avec quelques répétitions espacées suivant la courbe de l'oubli d'Ebbinghaus, non seulement les capitales et les pays seront mémorisés, mais également leur emplacement sur la carte. À vous de jouer !

> **Défi >>**
>
> Mémorisez un continent de votre choix. Vous pouvez vous abstenir de créer des images pour les **pays/capitales** que vous connaissez déjà et que vous sauriez replacer sur une carte.

NIVEAU AVANCÉ : MÉMORISER LES FLEUVES, LES CHAÎNES MONTAGNEUSES ET LES LANGUES PARLÉES

Pour mémoriser les fleuves, il vous suffit de créer une association pour chaque nom. Exemple : le Bandama (fleuve africain) pourrait être associé à l'image d'un bandana. Pour mémoriser quel pays traverse le Bandama, vous devez là encore créer une association ou encore mieux, la relier à votre association pour le pays déjà existante. Ici en l'occurrence, il s'agit de la Côte-d'Ivoire, et mon association pour celle-ci est un éléphant (parce qu'il a des défenses en ivoire). J'imagine mon éléphant avec un bandana, tout simplement ! Si le fleuve traversait plusieurs pays, j'imaginerai mon bandana sur les images des pays concernés.

> **Défi >>**
>
> Essayez de trouver une association pour ces fleuves :
>
> - Colorado
> - Volga
> - Nera
> - Amour
> - Murray

Pour les chaînes montagneuses et les langues parlées, c'est exactement le même principe. Si vous mémorisez toutes ces informations en même temps, vous devrez prendre un peu de temps pour la création de toutes vos images et cela vous demandera bon nombre de répétitions. Un moyen de distinguer vos images peut également être une bonne stratégie. Par exemple les images colorées en bleu sont celles des fleuves etc.

Puisque je vous ai évoqué les langues parlées, pourquoi ne découvririez pas maintenant les techniques les plus efficaces pour les parler vous-même ?

COMMENT APPRENDRE UNE LANGUE RAPIDEMENT

La meilleure façon d'apprendre une langue étrangère est de la parler, avec un natif ou un bilingue. Comme tout le monde n'a pas de bilingue ou de natif sous la main, il est très intéressant d'utiliser des techniques de mémorisation pour booster considérablement votre apprentissage. Par où commencer ? Par le vocabulaire ! C'est le plus facile, le plus utile car ainsi, vous pourrez commencer à parler très rapidement. Voici les techniques qui vont vous aider. Je vais souvent prendre en exemple l'anglais, mais le principe reste le même pour les autres langues. Je reviendrai plus loin sur les langues asiatiques dont la méthode varie un peu.

LA TECHNIQUE POUR MÉMORISER LE VOCABULAIRE D'UNE LANGUE

Quelle que soit la langue que vous voulez apprendre, vous allez mémoriser son vocabulaire en procédant toujours de la même façon :

1. **Choisissez un mot et entraînez-vous à le prononcer**
2. **Créez une association mentale pour la traduction du mot en français**
3. **Créez une association mentale avec le mot étranger**
4. **Reliez les deux associations**
5. **Utilisez la courbe de l'oubli pour mémoriser à long terme**

   Exemple :

   J'ai choisi le mot anglais « flesh » qui veut dire « chair » en français. Je m'entraîne à le prononcer correctement.

Je crée une association pour le mot français : chair. Pour moi, la chair, cela m'évoque la bonne chair, ou bien la chair de mon bras. Je finis par choisir la chair de mon bras comme association mentale pour « chair ».

Le mot anglais est « flesh ». Je procède également à un travail d'association. Lorsque je me répète en boucle le mot « flesh » dans ma tête, je pense à une flèche qui serait tirée par un arc. J'associe mon image pour la chair de mon bras et celle de ma flèche et j'obtiens une association finale : j'imagine une flèche transpercer la chair de mon bras.

De cette façon, à chaque fois que l'on me demandera ce que veut dire « flesh », je penserai à mon bras qui se fait transpercer et à chaque fois que je me demanderai comment on dit « chair » en anglais, je penserai à la flèche. Cette technique est belle parce qu'elle marche dans les deux sens.

Cet exemple était facile et donc l'association est venue rapidement. Tous les mots ne seront pas aussi simples, mais la technique reste identique, même dans les autres langues. Regardez un exemple avec un mot de vocabulaire allemand :

Hélicoptère qui se dit « Hubschrauber » en allemand. Hélicoptère, cela me fait penser à « Supercopter », une série des années 90 mettant en scène un hélicoptère noir super performant. Evidemment, Hubschrauber ne m'évoque rien à première vue, alors je le laisse tourner en boucle dans ma tête. Bizarrement, le « Hubs » me rappelle une chanson de Britney Spears qui commence par « Oops, I did it again ». J'ignore pourquoi, mais cette association semble revenir, et même si elle n'a rien à voir avec Hubschrauber à part une syllabe vaguement similaire, je décide d'imaginer Britney Spears chanter cette chanson.

Il me reste à lier Supercopter et Britney Spears dans une association mentale unique. J'imagine Britney Spears dans le cockpit en train de chanter « oops, i did it again ». Je fais un test le soir même pour voir si je me souviens encore de mes associations et du mot. Si la réponse est oui, je garde ces associations que je répéterai en suivant la courbe de l'oubli et sinon, je devrai recommencer et trouver une autre association mentale.

À vous de tester :

> **Défi >>**
>
> Avec la technique précédente, mémorisez les mots anglais suivants :
>
> - Scarf (écharpe)
> - Uphold (faire respecter, confirmer, maintenir)
> - Ugly (laid)
> - Tangle (enchevêtrement)
> - Sleek (brillant, luisant)

LA TECHNIQUE DE L'IMMERSION TOTALE

Le plus efficace pour apprendre une langue est de s'immerger totalement dans sa grammaire, ses mots, mais également sa culture et ses modes de fonctionnement. C'est pour cela que les séjours linguistiques coupés de toutes bases francophones sont intéressants. Ils vous forcent à parler, à pratiquer et à décrypter la langue au quotidien. Vous ne pouvez pas faire autrement, et vous vous imprégnez de la langue très facilement. Malheureusement, tout le monde n'a pas la possibilité d'effectuer ces séjours, alors il existe une façon de progresser quand même selon la même philosophie : la technique de l'immersion totale.

>> LE PRINCIPE :

Vous devez aménager votre quotidien de la même façon que si vous étiez en séjour linguistique. Vous devez vous couper au maximum de la culture francophone et vous plonger dans la langue que vous souhaitez apprendre. Plus vous irez loin dans l'immersion, plus vous aurez des résultats.

- **Vivez avec un dictionnaire** de la langue à côté de vous et prenez le réflexe de chercher la signification de chaque mot que vous ne sauriez dire dans la langue à chaque situation de votre vie quotidienne.
    - **Ecoutez, lisez et parlez** cette langue. Evidemment, « parler » est le plus difficile, mais également le plus efficace. Il existe d'ailleurs

des méthodes en ligne spécialement axées sur la communication avec des natifs pour vous faire progresser. Mais parler n'est pas le seul aspect sur lequel vous pouvez agir et progresser. En lisant et en écoutant simplement la langue que vous cherchez à apprendre, vous progresserez. Pour cela, lisez des articles écrits par des natifs, écoutez des émissions de radio du pays, des émissions de télévision et même les pubs, qui peuvent vous faire progresser. Plus vous transformerez votre vie quotidienne en expérience linguistique, mieux cela marchera. Certains vont même jusqu'à changer les interfaces de leurs ordinateurs et appareils pour la mettre dans la langue à apprendre.

- **Etiquetez votre vie quotidienne.** Le but est d'attacher un post-it sur chaque objet de votre quotidien avec sa traduction. De cette façon, vous avez constamment les mots de vocabulaire que vous utilisez le plus sous les yeux. Cela peut poser certains problèmes si vous n'êtes pas seul chez vous, mais si vous avez la possibilité de la pratiquer, vous constaterez des progrès fulgurants dans votre maîtrise des mots du quotidien, ce qui vous aidera ensuite à parler sur la vie quotidienne.

  - **Regardez de la VOSTVO.** Lorsque vous regardez des programmes avec des DVDS ou en streaming sur Internet, favorisez la version originale, sous-titrée également en version originale. De cette façon vous pourrez lire et entendre les mots en même temps. D'autre part, vous pourrez également emprunter et réutiliser les expressions courantes que vous entendrez régulièrement, plus tard lorsque vous parlerez. Effet garanti !

APPRENDRE UNE LANGUE EN S'AMUSANT

Transformez votre apprentissage en jeu. Plus vous trouverez un moyen de vous amuser avec la langue à apprendre, plus vous progresserez rapidement. Le secret est de transformer toutes les petites techniques que vous lisez en jeu. Il vous reste maintenant à faire un effort d'imagination pour déterminer comment vous amuser avec les mots de vocabulaire tout en les apprenant. Quelques idées en vrac :

- Passer une journée en ne prononçant pas un mot de français (à faire avec des complices évidemment)
- Demander à un ami de vous donner 3 mots difficiles d'une langue étrangère à placer dans une conversation au cours de

la journée. Le but est de les caser tels quels et non traduits en français !

- Composez une poésie de votre cru en utilisant 10 mots difficiles, entièrement dans la langue que vous cherchez à apprendre.
- Lancez-vous un défi comme celui d'apprendre 100 mots en une journée, devant témoins, et avec une belle récompense à la clé que vous recevrez si vous réussissez.

> **Défi >>**
>
> Trouvez un moyen (si possible amusant !) de mémoriser 10 mots de vocabulaire aujourd'hui.

COMMENT APPRENDRE UNE LANGUE ASIATIQUE

Ce type de langue peut sembler plus difficile à cause d'un alphabet différent, mais le principe de l'association mentale reste de mise. Vous devrez faire travailler un peu votre imagination et vos trois types de mémoire pour cette tâche : votre mémoire visuelle, kinesthésique et auditive. Voici comment vous allez faire.

Voici la syllabe « ta » du syllabaire japonais appelé « hiragana ».

Pour le mémoriser, vous allez devoir associer le tracé à une image et également au son « ta » pour vous souvenir des deux. Avec un peu d'imagination, vous pouvez voir dans ce Kana un homme de profil (la partie en forme de croix) en train de jouer du tam-tam. Dessinez-le. Ajoutez la tête de l'homme, ses mains, et utilisez le reste du kana pour dessiner le tam-tam. Votre mémoire kinesthésique se chargera de vous faire mémoriser le tout.

Un autre exemple, et puis ce sera votre tour :

Voici l'Hiragana « To »
Vous pourriez voir dans la forme de ce tracé la tête d'un **TO**reau vu de profil avec ses cornes.

Défi >>

Relevez le défi en mémorisant ces 3 hiraganas, respectivement : « Tsu », « se » et « Sa »

La technique est similaire lorsque vous cherchez à mémoriser des mots plus complexes. Voici le cas d'un mot chinois :

Il s'agit du mot « poulet ». Avec votre mémoire associative, vous pouvez peut-être distinguer l'image du poulet vue de profil avec l'aile à gauche et la tête à droite ?

Voici le mot « lune » en chinois. En regardant ce dessin, j'imagine la fenêtre d'une chambre ouverte avec des rideaux la nuit et la lune au loin.

Les langues asiatiques ont davantage une logique de « jeu de construction » que les autres langues, ce qui fait que mémoriser un mot de vocabulaire va vous permettre de deviner le sens de beaucoup d'autres. Mémoriser les caractères en les associant à des choses qui ont du sens vous permettra donc d'aller beaucoup plus vite dans votre apprentissage.

QUEL EST LE BON RYTHME
D'APPRENTISSAGE D'UNE LANGUE ?

Si vous apprenez pour le travail ou pour les études, vous n'avez pas beaucoup le choix sur la quantité. Vous avez généralement des listes à mémoriser que vous devez maîtriser. Divisez cette liste par votre nombre de jours d'apprentissage prévus et vous aurez une bonne idée de votre nombre de mots journalier à mémoriser. Par exemple, si vous avez 100 mots à connaître en 1 mois, cela vous fait environ 3 - 4 mots par jour. Cette façon de découper votre tâche d'apprentissage rendra votre mémorisation plus digeste et moins effrayante.

> Si vous apprenez en autodidacte, je vous recommande de rechercher ==la liste des mots les plus utilisés== dans la langue, et de vous donner un rythme suffisamment intense pour faire travailler votre mémoire, mais pas trop pour ne pas transformer votre apprentissage par l'association en corvée. Je vous recommande entre 3 et 5 mots par jour. N'hésitez pas à aller beaucoup plus vite si vous êtes en forme, mais ne descendez pas en dessous de la barre d'un mot par jour qui n'est pas assez efficace.

En tous les cas, n'oubliez pas que c'est votre ==pratique== de la langue qui vous fera progresser, alors ne laissez pas s'échapper les opportunités de baigner votre mémoire de votre langue à apprendre.

À présent, voyons comment vous allez pouvoir utiliser votre mémoire associative pour apprendre un peu plus rapidement les redoutables formules de mathématiques.

MÉMORISER LES FORMULES DE MATHS

Comme beaucoup de données complexes, les formules de mathématiques peuvent se mémoriser en faisant travailler votre mémoire associative. Comme à chaque fois, cela ne remplace en rien la compréhension des formules et le raisonnement qui restent les prérequis avant la mémorisation. Malgré tout, si vous avez toujours du mal à retenir les écritures, voici une méthode assez efficace.

MÉMORISER UNE FORMULE DE MATHÉMATIQUES SANS AVOIR MAL À LA TÊTE

Les formules de mathématiques ont le don de faire paniquer rapidement. Au fur et à mesure qu'elles se déroulent devant vous, elles deviennent de plus en plus compliquées. Leur longueur et leur caractère austère n'arrangent rien. Voici un exemple :

$$\left| f(b) - \sum_{k=0}^{n} \frac{f^{(k)}(a)}{k!}(b-a)^k \right| \leq \frac{|b-a|^{n+1}}{(n+1)!} M_{n+1}$$

Inégalité de Taylor-Lagrange

Un jour, après avoir donné une conférence sur le thème de la mémorisation et de la mémoire associative, un conférencier exprima son désaccord lorsque je disais que la mémoire associative pouvait permettre de mémoriser n'importe quel type de données. Il prétendait que les formules du même genre que l'exemple ci-dessus étaient impossibles à mémoriser avec une technique.

Il avait tort.

>Déjà, **il ne faut pas chercher à la mémoriser en une fois.** Aucune image, **seule**, ne peut vous rappeler cette écriture. En revanche, comme vous le verrez pour la musique, vous devez y aller petit bout par petit bout. **Chaque élément l'un après l'autre.** Au début, c'est plus long qu'une répétition bête et méchante sans s'arrêter, mais à la fin, votre mémorisation sera bien plus efficace et solide à long terme.

Le premier « bout » de la formule ci-dessus est « f(b) ». À quoi cela pourrait-il vous faire penser ? Sachant que cette expression reviendra souvent si vous mémorisez des maths, autant prendre un symbole commun et facilement utilisable. Personnellement cela me fait penser à « Facebook ». J'imagine donc le logo du réseau social.

>C'est maîtrisé, alors je passe au bout suivant. En lisant simplement les lettres, on peut grossièrement lire le mot nEk0, ce qui me fait penser à « Nico », un ami qui était justement là au moment de ma conférence. « Nico » suffit à me rappeler la deuxième partie de la formule, y compris les signes « = » et les lettres grecques et minuscules. Votre mémoire a déjà enregistré **la forme de l'écriture,** il vous reste juste à créer une poignée mémorielle.

>>La partie suivante de la formule est constituée d'une partie haute (f(k) (a)) et une partie basse (k!). f(k)a, cela me rappelle une marque de voiture (Ford Ka). En-dessous (vous pouvez imaginer un plafond entre les deux images pour vous rappeler de la barre de division. Que pourrait symboliser le « k! » de l'étage inférieur ? Des céréales d'une marque connue, peut-être ? Finalement, ce bout de formule pourrait être résumé en une Ford Ka en train de rouler sur des céréales.

>>Le morceau suivant est facile ((b-a)k) car le mot « bak » se dessine. Ce pourrait être un bac à sable par exemple, ou un BAC (examen). Là encore, **l'écriture** de la formule est normalement déjà enregistrée par votre mémoire. Reste à mémoriser les éléments (lettres) et leur ordre.

Une fois chaque morceau de formule mémorisé et rappelé sans faire d'erreur, vous pouvez passer à la deuxième partie de la formule. Pour résumer la moitié de cette longue formule : Facebook / Nico / une Ford Ka qui roule sur des céréales. Procédez à un rappel pour voir si vous avez bien tous les éléments et si vous vous souvenez de l'écriture exacte. Si vous avez pris le temps de maîtriser chaque bout de formule avant de passer au suivant, normalement, cela devrait être bon.

Pour la deuxième partie de la formule, c'est à vous d'exercer votre mémoire associative et de la faire transpirer un peu !

> **Défi >>**
>
> En suivant mes recommandations issues de la première partie de la formule de l'inégalité de Taylor-Lagrange, mémorisez la deuxième partie. Il est normal que cet exercice vous demande du temps et vous semble fastidieux au début.

Difficile n'est-ce pas ? Voici comment j'ai procédé :

Quand je lis la première ligne (l'étage du haut) de la formule, je vois le mot « BANI » (b-a) n+1. Je prends beaucoup de liberté avec l'écriture et le 1 que je transforme en i, mais cela me vient assez facilement. À l'étage du dessous, je vois un autre « ni » (N+1) ! En combinant les deux j'obtiens « Banini » ce qui me rappelle « Panini », une sorte de sandwich italien, ou bien encore une marque de collections d'images autocollantes que j'utilisais quand j'étais gamin avec les images de Disney ou de foot : Bani + Ni !

> La dernière partie de la formule est Mn +1. Avec de l'imagination, on peut y voir le mot « Money » ou « menhir »…

La façon dont je m'y suis pris peut vous paraître très absurde ou un peu tirée par les cheveux, mais c'est pourtant ce qui fonctionne pour moi. Pour en arriver à ce stade, il vous faudra du lâcher-prise et accepter de transformer des lettres et des mots en images mémorables.

COMMENT GAGNER DU TEMPS LORS DE VOTRE MÉMORISATION

Mémoriser les formules de la sorte, en imaginant que vous devriez absolument le faire sur des vingtaines de formules ou plus, vous fera gagner du temps.

Typiquement, une formule répétée par cœur sans chercher à faire autre chose vous prendra environ 2 minutes à mémoriser la première fois, puis vous perdrez environ 5 minutes pour les premières répétitions car vous aurez oublié des subtilités ou des pans entiers de la formule si vous étiez fatigué ou contrarié lors de votre apprentissage et que vous n'aviez pas envie de répéter.

En mémorisant avec la technique, vous allez mettre environ 10 à 15 minutes par formule. La première répétition vous prendra 2 minutes et les suivantes 30 secondes à peine, avec une belle rétention. Sachant qu'il vous faudra certainement plusieurs rappels pour être prêt pour le jour J, vous économisez un temps considérable... à la fin. C'est pourquoi beaucoup se découragent lorsqu'ils cherchent à mémoriser des formules avec leur mémoire associative. Ils ont l'impression d'un effort fastidieux trop important, alors que l'apprentissage par cœur semble plus aisé. Ne tombez pas dans ce piège ! Votre mémoire a besoin de fonctionner et non d'être bornée à faire seulement des répétitions.

>> QUELQUES CONSEILS SUPPLÉMENTAIRES

- f, k, b sont des lettres qui reviennent énormément dans les formules mathématiques. Il peut être intéressant de les transformer en personnages de votre Dominic System. F deviendrait un personnage commençant par 0. (0 = f dans le Dominic System). Le k deviendrait un personnage commençant par 9 (9 = k ou gu dans le Dominic System). Si les éléments de formules les plus fréquents devenaient des personnages immédiatement identifiables à vos yeux, alors ce serait un gain de temps et d'énergie vraiment prodigieux dans votre mémorisation. Il ne vous resterait qu'à créer des histoires différentes en utilisant des images que vous avez déjà en tête !

- Ne cherchez pas à absolument coller à l'écriture ou au sens des lettres. Prenez des libertés avec ce que vous voyez. Lâchez prise. Le seul juge pour savoir si une association fonctionne, c'est votre premier rappel. C'est là que vous saurez si votre formule est correctement imagée ou si vous devez affiner votre mémorisation.

- **Découpez** absolument votre travail. Si vous avez une centaine de formules à maîtriser, convertissez ce chiffre en nombre de formules par jour, pour le faire diminuer et le rendre moins effrayant. De même, chaque formule doit être découpée en « bouts » et ne passez au bout suivant que lorsque vous maîtrisez le précédent.
- Pour vos rappels espacés (indispensables) je vous recommande de le faire **sur papier.** Ecrivez littéralement vos formules, ne restez pas dans le rappel mental qui pourrait vous donner de fausses impressions.

Restons un peu plus dans les matières scientifiques, et regardez de plus prêt comment on peut faire pour mémoriser sans peine l'une des plus nobles matières de médecine : l'anatomie !

L'ANATOMIE SANS PEINE

Une matière redoutée des cours de médecine est l'anatomie. Les os, les muscles, les nerfs, les organes... cela fait beaucoup de choses à retenir, et les noms sont parfois à la limite du prononçable lors que vous n'avez pas l'habitude. Il est très facile de perdre confiance en soi face à ce type d'éléments à mémoriser. Fort heureusement, vous pouvez utiliser des techniques pour vous rendre la tâche un peu plus facile. L'idée est de commencer par le plus aisé pour prendre confiance en vous, puis d'augmenter le niveau au fur et à mesure.

MÉMORISER LE SQUELETTE HUMAIN

Commencer par mémoriser tous les os du corps humain peut être un excellent point de départ pour devenir bon en anatomie. La tâche n'est pas aussi compliquée qu'il n'y paraît, et se réalise assez vite si vous avez bien effectué les exercices des techniques de base.

L'être humain est normalement composé de 206 os, ce qui peut sembler un chiffre énorme, mais beaucoup sont des paires d'os, et donc ce chiffre tombe à environ une centaine d'informations différentes à mémoriser, ce qui semble tout de suite plus digeste. Comme pour la mémorisation de la géographie, une bonne technique consiste à découper le squelette humain en parties. Ces parties peuvent être les suivantes :

- **Le crâne**
- **Le torse**
- **Les membres supérieurs**
- **Les mains**
- **Les membres inférieurs**
- **Les pieds**

Les membres inférieurs et supérieurs sont plus faciles car ils comportent moins d'os à mémoriser, alors que le crâne est plus difficile avec le plus grand nombre d'os différents. Le crâne reste néanmoins un bon point de départ et une fois que vous l'aurez maîtrisé, tout le reste sera très facile. C'est donc par le crâne que je vais vous montrer la méthode pour apprendre l'anatomie du squelette.

>> MÉMORISER LE CRÂNE

Le crâne contient 26 os. Comme pour la plupart des types d'informations, vous allez devoir faire fonctionner votre mémoire associative : vous devrez transformer chaque nom d'os en image mémorable au moyen d'une association mentale.

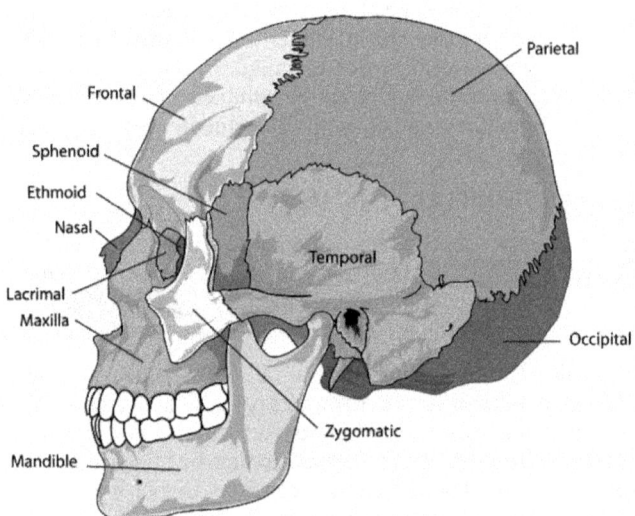

L'ensemble du crâne doit former un tableau, une scène dans laquelle les images des os auront une place bien déterminée. Tout en haut à gauche, l'os frontal. Vous n'avez pas forcément besoin d'image pour associer « os frontal » car le nom est assez explicite, mais pour la scène vous pouvez imaginer un front qui transpire (pourquoi pas ?). Que se passe-t-il juste à droite ? L'os pariétal. Pariétal pourrait vous faire penser à « Paris », donc pourquoi pas la tour Eiffel ? En-dessous de la tour se trouverait l'os temporal. « Temporal » pour « tempes », mais si vous avez besoin d'une image, une horloge géante (le temps qui passe…) peut marcher. À droite, l'os occipital qui peut être imagé en « oxygène » ou « Occitane » (marque de cosmétique).

Essayez d'imaginer une scène reliant ces 4 éléments afin de mémoriser leur emplacement sur le schéma. Continuez en intégrant petit à petit des images à votre tableau : un phénix pour le sphénoïde, E.T l'extraterrestre pour « ethmoïde », Rafael Nadal pour « nasal » etc.

> **Défi >>**
>
> Mémorisez l'ensemble du crâne humain en utilisant la technique décrite ci-dessus. En guise de rappel, prenez un dessin de crâne humain et replacez-y les os mémorisés. N'oubliez pas les 3 os de l'oreille interne : le marteau, l'enclume, l'étrier (Malleus, Incus, Stapes).

>> MÉMORISER LE RESTE DU SQUELETTE

Une fois que vous avez réussi à mémoriser les os du crâne, vous avez presque fait le plus gros du chemin. Il vous restera les difficultés des os de la main et du pied, qui sont nombreux et moins évidents à replacer sur un schéma.

Les phalanges ne sont pas difficiles en soi, mais les os de la base de la main le sont. Sur le schéma ci-dessus, ils sont regroupés en « ABCDEFGH ». Observez bien leur emplacement. Voici leurs noms :

Scaphoïde, Lunatum, Triquetrum, Pisiforme, Trapèze, Trapézoïde, Capitatum, Hamatum.

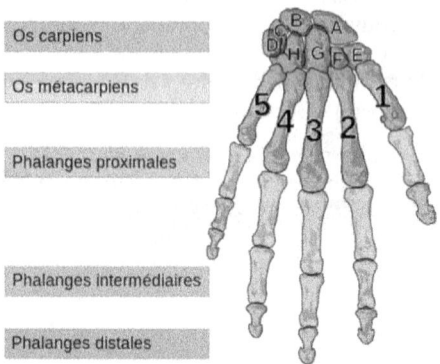

Bien que la plupart de ces mots soient latins, ils sont également convertissables en associations mentales. Voici des associations possibles si vous manquez d'inspiration, avec respectivement : Scaphandre, Lune, Briquet, Piscine, Trapèze de cirque, un deuxième trapèze avec un humanoïde dessus, une capitale, un hammam.

Pour mémoriser ces os, vous avez deux options possibles :

- Soit vous créez un voyage de 8 étapes
- Soit vous créez une association en chaîne de 8 étapes

Je vous recommande cette deuxième solution

> **Défi >>**
>
> Mémorisez les os de la main en utilisant une des deux méthodes : le voyage ou l'association en chaîne.

Le reste des os du squelette se mémorise très facilement en suivant les mêmes techniques. Quelqu'un de motivé peut mémoriser le squelette humain complet en moins de deux heures. Il ne lui restera que les rappels pour voir s'il a créé les bonnes associations et pour mémoriser le tout à plus long terme.

MÉMORISER LES MUSCLES ET LES NERFS

Voici des niveaux un peu plus avancés qui vous demanderont un peu plus d'efforts et de temps car ils nécessitent de d'autres informations à intégrer dans vos images comme notamment les sources, les points d'innervation, les parties reliées, etc.

Ne comptez pas accomplir cette tâche en moins de deux heures, mais d'un autre côté, ne vous laissez pas intimider. Mon premier conseil est le même que pour la géographie ou les maths : le découpage. Plus vous sectionnez votre tâche en segments plus digestes à mémoriser, plus vous avancerez vite. En géographie, vous divisiez la carte du monde en continents. En anatomie, vos continents sont les secteurs du corps humain. Le principe reste le même.

Afin d'aller plus loin dans l'apprentissage de l'anatomie, je vous propose un exemple concret avec les 12 paires de nerfs crâniens mémorisés avec la technique des associations en chaîne :

Un nez géant, avec deux pieds et deux bras, se fait renverser par un œil géant (lui aussi avec deux bras et deux jambes) en train de conduire un cyclomoteur. L'œil géant perd le contrôle de son engin et se fracasse la tronche sur le bitume. Trois jumeaux assistent à cette scène : deux rient de bon cœur, le troisième est kidnappé par un duc. Le duc s'enfuit, mais lui aussi s'écrase la face contre une porte géante. À l'intérieur du vestibule, derrière la porte, une oreille géante est attirée par le bruit. Elle arrive, et découvre le duc par terre. Elle écoute son pharynx pour voir s'il respire encore, puis commence le massage cardiaque. Une énorme vague sort de ses poumons. Il y a des accessoires (dont un gloss) et un bébé hippopotame !

Les 12 nerfs crâniens (dans l'ordre) sont donc :

Nez géant pour : *Olfactif*

Œil géant pour : *optique*

Cyclomoteur pour : *occulomoteur* (ca tombe bien, il y a l'œil dessus)

Tronche pour : *trochléaire*

Trois jumeaux pour : *trijumeaux* (2 qui rient c'est parce 2 sont reliés aux mandibules, mâchoire)

Kidnappé par un duc pour : *abducens*, «abduct» est le mot anglais pour kidnappé, mais il y a le mot duc si l'on n'est pas à l'aise avec l'anglais

Face pour : *facial*

Vestibule et oreille géante pour : *vestibulotrochléaire* ou auditif

Pharynx pour : *glossopharyngien* (le gloss arrive aussi plus tard dans l'histoire)

Vague : pour *vague*

Accessoire pour : *accessoire*

Hippopotame pour : *hyppogloss* (encore le gloss)

Plus vous aurez besoin de retenir d'informations, **plus vos images seront denses.** Prévoyez bien cela lorsque vous voulez mémoriser le maximum en un minimum de temps. Pour cela, vous pourriez avoir besoin d'immenses palais de mémoire.

LE PALAIS DE MÉMOIRE ET L'ANATOMIE

Avec l'anatomie, les mêmes régions du corps humain reviendront sans cesse : tête, membres supérieurs, tronc, membres inférieurs, mains, pieds. Il n'y en aura pas d'autres. En travaillant avec beaucoup d'étudiants de médecine qui souhaitaient utiliser le palais de mémoire, je me suis rendu compte que vous pouvez gagner un temps précieux **en choisissant des lieux prédéterminés.** Par exemple, tout ce qui concerne la tête serait stocké dans votre lieu d'habitation, tout ce qui concerne le tronc prendrait place dans les parcs et squares, tout ce qui concerne les membres inférieurs dans un centre commercial, etc.

L'avantage de procéder de la sorte est que **vous savez directement où chercher vos images** lorsque vous recherchez une information dans votre mémoire. Une astuce très utile et qui vous permet de mieux structurer votre mémoire pour accueillir des charges d'informations différentes et denses en peu de temps.

Restons un moment dans le domaine médical pour aller voir comment votre mémoire peut vous aider en chimie !

LA CHIMIE ORGANIQUE FACILE

L'une des matières les plus complexes de la P.A.C.E.S (première année commune aux études de santé) est la chimie organique. Pour beaucoup c'est un monde nouveau, bourré d'informations nouvelles comme les fonctions chimiques, les mécanismes réactionnels, les réactions… Dans ce chapitre, vous allez découvrir comment utiliser vos techniques de mémoire pour rendre votre tâche plus facile.

MÉMORISER LES FONCTIONS CHIMIQUES

Votre première tâche est de mémoriser **les fonctions chimiques.** Les fonctions sont les parties identifiables des molécules. Elles sont composées d'atomes symbolisés par des lettres (H pour hydrogène, C pour carbone etc.). Pour les retenir efficacement, une bonne idée est de **former des mots avec ces lettres symboles.** Le C par exemple, pourrait être un chef de cuisine en train de préparer des spaghettis *carbonara*, ou un ami dont le prénom commence par C ou bien encore un mineur. Pour le «H», vous pourriez y voir le «Dr **H**ouse», un hôpital, ou encore une bouteille d'eau (la bouteille d'eau pour «hydrater» qui peut vous rappeler le mot «hydrogène»). La bouteille d'eau n'est pas une mauvaise idée pour l'hydrogène car il est la plupart du temps lié à un autre atome et jamais seul. C'est donc intéressant d'utiliser un accessoire pour Hydrogène.

Par exemple, CH3 vous donnera l'image du chef de cuisine avec une énorme bouteille d'eau à la main !

>> COMMENT TRANSFORMER LES FONCTIONS CHIMIQUES EN ASSOCIATIONS MENTALES

Vous pouvez imaginer les fonctions chimiques comme un gigantesque rond-point dont chaque route comporterait les fonctions chimiques de la classe à laquelle elles appartiennent.

ste des classes : les fonctions oxygénées, azotées, soufrées, phosphorées, etc.

Exemple : la fonction Alcool (OH).

Vous pouvez imaginer votre image pour « O » (pour ma part je prends Homer Simpson car le O me fait penser à un donut dont il raffole). Il essaie de se saouler (fonction Alcool) avec une bouteille d'eau (H) ! Rien n'y fait, il n'y arrive pas ! Si vous avez peur que votre image ne soit pas assez mémorable, vous pouvez imaginer Homer Simpson mangeant son donut avec une bouteille d'eau… remplie de bière ! (Alcool).

Chaque atome est relié par des liaisons. Ces liaisons sont parfois simples, doubles ou triples (nombre de traits reliant les atomes de votre schéma). Vous n'avez pas besoin de mémoriser les liaisons simples qui se retrouvent la plupart du temps. En revanche, vous pouvez mémoriser les liaisons doubles et triples. Les liaisons doublent peuvent être symbolisées mentalement par une corde, et les liaisons triples par une chaîne d'acier.

Exemple : si vous deviez mémoriser C=O, vous pourriez imaginer le chef cuisinier (pour C) attachant avec une corde (pour la double liaison) Homer Simpson (pour O).

Certaines liaisons prendront des formes de triangles, carrés, ou polygones à 5, 6 ou sept côtés. Voici un exemple :

Cet hexagone de liaison est le plus courant. Sa forme pourrait vous évoquer une roue de tracteur ou un CD. Le R signifie une chaîne carbonée lambda. Vous pourriez l'imaginer comme une personne ou un personnage car il reviendra souvent. Pourquoi pas l'un de ceux commençant par « 4 » (pour « R ») dans votre Dominic System ?

Maintenant que vous avez une idée concernant les fonctions chimiques de base, regardez de plus près les fonctions un peu plus compliquées comme l'acide carboxylique :

Avec les règles que vous vous êtes fixées depuis le début du chapitre, vous êtes maintenant en mesure de mémoriser ce type de fonction. Voici un exemple possible :

Raphaël Nadal (personnage 40 dans mon Dominic System car il commence par « R ») joue au tennis sur le côté gauche du rond-point. Le chef cuisinier est en train d'attacher Homer Simpson au milieu de la route (C=O) et sur le côté droit de la route, Homer est délivré de ses liens par le docteur House et ils s'enfuient ensemble (OH).

> À noter que vous pouvez utiliser l'image de OH créée avec la fonction alcool pour remplacer OH du schéma ci-dessus.

Maintenant, vous êtes capable de mémoriser n'importe quel type de fonction, même les plus compliquées, avec un peu d'imagination.

Défi >>

Essayez de mémoriser le mécanisme de la noradrénaline ci-dessous :

[Structure chimique de la noradrénaline avec groupes OH, HO, HO et NH₂]

Beaucoup d'alcool n'est-ce pas ?
Pour mémoriser le ² du NH², vous pouvez imaginer une bouteille d'eau de taille moyenne ou bien une double bouteille d'eau, tout simplement.

MÉMORISER LES MÉCANISMES RÉACTIONNELS

Pour cette partie, je vous recommande de réserver des parties complètes d'un palais de mémoire ou une série de voyages consacrés, car ils vont souvent revenir dans votre apprentissage.

> Pour chaque mécanisme réactionnel, vous devrez créer une simple fiche avec les éléments-clés. Voici un exemple avec la substitution nucléophile.

« Il faut un substrat avec un bon groupe partant et un nucléophile.
Elle se fait par **effet inductif direct**.
Exemple type : **CH3 –X +A-H -> CH3-A + X-H** »

Les mots-clés en gras sont particulièrement importants.

Il vous appartient d'imaginer ces images et de les placer dans vos voyages/palais. Les termes techniques seraient difficiles pour un néophyte, mais si vous étudiez la chimie, ceux-ci vous seront familiers, donc pas d'inquiétude !

Grâce à ce type de fiche, vous saurez ainsi exactement comment réagissent deux molécules. Certaines réactions obéissent à des lois. Vous devez dans ce cas les inclure dans vos voyages/palais pour ne pas les oublier. Elles sont importantes et offriront quelques particularités à certaines réactions (exemple : Loi de Markovnikov).

MÉMORISER LES RÉACTIONS

À ce stade, vous pouvez mémoriser les réactions dont il est question dans les cours traditionnels de chimie organique. Les chapitres seront organisés suivant les fonctions chimiques. Exemple : un chapitre Alcool, un chapitre Cétone, etc.

Pour cela, vous avez besoin d'un voyage par chapitre, d'où l'importance de savoir créer des voyages rapidement et facilement !

À présent, vous avez tout ce qui est nécessaire pour les retenir. Un exemple avec l'hydratation d'un alcène.

$$\underset{R_2}{\overset{R_1}{|}}C=\underset{R_3}{\overset{R_4}{|}}C \quad + \quad H_2O \quad \longrightarrow \quad \underset{R_2}{\overset{R_1}{|}}CH-\underset{R_3}{\overset{R_4}{|}}C-OH$$

À retenir : Alcène + eau -> Alcool. C'est une addition électrophile qui obéit à la loi de Markovnikov.

Imaginez votre Alcène se faire mouiller et donnant au final un alcool. Ce n'est pas le plus important de retenir les molécules dans leurs formes car il y a de fortes chances pour qu'elles ne soient pas exactement identiques le jour d'un examen. L'Alcène en restera un, l'eau et l'alcool également, mais des différences dans la chaîne carbonée pourront apparaître.

À présent, changeons complètement de registre pour découvrir les matières plus littéraires comme la poésie par exemple.

MÉMORISER LA POÉSIE ET LES TEXTES DE THÉÂTRE RAPIDEMENT

Mémoriser la poésie est un exercice particulier dans le monde de la mémorisation. Soit vous aimez, soit vous détestez. Pendant des dizaines d'années, cet exercice a été considéré comme **le plus difficile** qui existe à cause de son côté rigide (mot à mot) et des différences de facilités entre les apprenants qui peuvent décourager ceux pour qui c'est moins naturel. Avant de voir quelle technique utiliser, vous devez avant tout déterminer un point indispensable…

UTILISEZ L'ENSEMBLE DE VOTRE PROFIL D'APPRENTISSAGE

Que se passe-t-il lorsque vous lisez un texte ? Certains imaginent la scène qui se déroule aux yeux de leur esprit. D'autres entendent le texte prononcé comme si quelqu'un leur parlait, ou comme s'ils le lisaient eux-mêmes à haute voix. D'autres enfin éprouvent les mêmes émotions que l'auteur veut faire passer, et s'immergent dans le texte.

Vous avez besoin de connaître **votre profil d'apprentissage dominant** pour mieux mémoriser (voir chapitre 5-2). Pendant longtemps, l'erreur classique a été de faire imaginer des scènes imagées à des profils auditifs et de faire répéter ou réécrire des dialogues en boucle à des visuels. Ces méthodes traduisent les différences de facilité d'apprentissage entre les personnes. Votre première étape consiste donc à **axer votre apprentissage sur vos forces**, même si plus vous sollicitez vos différentes mémoires (visuelles, auditives, kinesthésiques) plus vous augmenterez vos chances de mémoriser « verbatim » les poésies et les textes. L'Art de la mémoire se concentre plus particulièrement sur l'apprentissage visuel, aussi, nous en parlerons en dernier car c'est là où vous trouverez le plus de choses à appliquer. J'aimerais d'abord attirer votre attention sur les méthodes pour apprendre plus auditives et kinesthésiques. En utilisant l'ensemble des méthodes ci-dessous, votre mémorisation de cet exercice redouté sera ==bien plus aisée.==

MÉMORISER UN POÈME OU UN TEXTE DE THÉÂTRE AVEC VOTRE MÉMOIRE AUDITIVE...

Votre mémoire auditive est un excellent atout dans la mémorisation des poèmes et pièces de théâtre, à condition de l'utiliser avec un peu de méthode. Imaginez que vous ayez le poème *Andromaque* à mémoriser (Racine 1639-1699). Prenons ce passage :

Hé bien, filles d'enfer, vos mains sont-elles prêtes ?

Pour qui sont ces serpents qui sifflent sur vos têtes ?

À qui destinez-vous l'appareil qui vous suit ?

Venez-vous m'enlever dans l'éternel nuit ?

Le texte est beaucoup plus long dans l'œuvre originale, mais pour cet exercice, il est inutile de le sélectionner intégralement.

Prenez le temps de lire ce texte ==à voix haute.== Oui, parlez tout seul ! Laissez votre mémoire s'imprégner des sons et de la musique du poème. Votre mémoire auditive aimera l'allitération qui reproduit le bruit du serpent par redoublement des consonnes sifflantes "s" dans « pour qui sont ces serpents qui sifflent sur vos têtes », même si votre langue peut avoir du mal à le prononcer.

Pour mémoriser cette tirade, vous avez besoin de la répéter, de vous enregistrer en train de la réciter, puis de vous entendre la prononcer, tout en lisant ==comme pour vous accompagner.== Vous aurez besoin d'utiliser évidemment les répétitions espacées et la courbe de l'oubli pour maintenir votre mémorisation bien ancrée. Attention, vous repasser un enregistrement ne compte pas comme rappel, il s'agit simplement d'une aide à la mémorisation, pas au rappel. Pour que cela compte, vous devez réellement répéter.

Dosez votre effort. Si vous sentez que vous avez du mal à retenir plus d'une phrase à la fois, ==ne passez pas à la deuxième avant de maîtriser la première.== En voulant mémoriser de trop gros blocs à la fois, vous paniquerez et vous risquerez l'échec ou la mémorisation à la va-vite ce qui entraînera des imprécisions pour un exercice qui n'en permet pas.

> **Défi >>**
>
> Mémorisez l'exemple des 4 vers extraits d'Andromaque en utilisant uniquement votre mémoire auditive. Procédez ensuite au cours de la même journée à un rappel et confrontez ensuite au texte pour vérifier que vous avez bien tout enregistré.

Afin de renforcer votre mémorisation, vous allez également utiliser la méthode de ceux qui ont besoin de ressentir et de réécrire les choses.

...PUIS KINESTHÉSIQUE

Prononcer et réécouter ne suffit pas ? Il est temps de faire intervenir vos émotions et plus précisément votre mémoire kinesthésique. Comment faire ? En procédant avec deux techniques.

Tout d'abord, il est temps d'insuffler des émotions aux mots, et pas seulement celles qu'a voulu faire passer l'auteur. Reprenez l'extrait d'*Andromaque* de la précédente partie :

Hé bien, filles d'enfer, vos mains sont-elles prêtes ?

Pour qui sont ces serpents qui sifflent sur vos têtes ?

À qui destinez-vous l'appareil qui vous suit ?

Venez-vous m'enlever dans l'éternel nuit ?

Pour mémoriser ceci en utilisant votre mémoire kinesthésique, vous allez commencer par faire comme pour votre mémoire auditive, c'est-à-dire que vous allez vous entraîner à prononcer le texte exact à voix haute, à la différence près que vous allez répéter cet exercice plusieurs fois, en changeant à chaque fois votre ton de voix, comme si vous utilisiez une des émotions universelles (la joie, la tristesse, la colère, le dégoût, la peur, la surprise).

Votre mémoire ancrera très bien certaines émotions et le ton que vous utiliserez. Essayez pour voir :

> **Défi >>**
>
> Mémorisez les 4 vers d'Andromaque en répétant à voix haute le texte exact en variant votre voix :
>
> Prononcez le texte de façon joyeuse et légère, puis en colère, triste, puis de façon amère, apeurée, et enfin surprise. Lorsque vous procéderez à votre premier rappel, notez intérieurement l'émotion qui vous est revenue naturellement lors de l'exercice.

Pour effectuer ce rappel vous allez utiliser la deuxième technique impliquant votre mémoire kinesthésique : la réécriture.

La mémoire kinesthésique adore ce que vous écrivez sur papier. En le faisant de façon volontaire (et non subie comme à l'école), votre cerveau est beaucoup plus attentif à ce qu'il se passe. C'est comme s'il signait un contrat très important. Tous vos sens sont en alerte. Souvenez-vous qu'à une certaine époque, beaucoup faisaient des pages d'écriture pour retenir, et cela fonctionnait !

... ET ENFIN VISUELLE !

Voici comment vous pouvez mémoriser une poésie ou des répliques avec les techniques de mémorisation. Pour cet exemple, j'ai pris les quatre premiers vers du poème de Rudyard Kipling : Tu seras un homme mon fils.

*Si tu peux voir **détruit l'ouvrage de ta vie***

*Et **sans dire** un seul mot te remettre à **bâtir***

*Ou perdre en **un seul coup** le gain de **cent parties***

*Sans un **geste** et sans un **soupir***

Votre première tâche consiste à faire ressortir les mots-clés, ceux qui vous semblent indispensables à la mémorisation. Pour vous mettre sur la voie, je l'ai fait ci-dessus avec les quatre premiers vers. J'en ai sélectionné deux à chaque vers, mais j'aurai pu en prendre plus ou moins selon la difficulté du vers.

Une fois vos mots-clés sélectionnés, vous devez les transformer en images mentales, que vous disposerez dans un voyage comprenant autant d'étapes que de vers. Pour l'exemple : ma chambre, le salon, la cuisine, le hall d'entrée.

Pour le premier vers, l'ouvrage détruit me fait penser à une biographie avec ma photo dessus (l'ouvrage de ma vie). J'imagine donc ma biographie brûler sur mon lit. Le lit prend feu à son tour. Ne pas oublier l'interaction entre votre image mentale et l'étape de votre voyage (la chambre).

« Et sans dire un mot te remettre à bâtir ». Sans dire un mot est important, mais le mot bâtir l'est encore plus. Je m'imagine en train de reconstruire un mur détruit dans mon salon, en étant bâillonné avec du sparadrap (pour symboliser le silence). Le mur est fait pour condamner la porte qui donne sur le balcon (interaction avec mon étape de voyage).

« Ou perdre en un seul coup le gain de cent parties ». J'imagine un homme perdre au jeu de la roulette russe avec un revolver (un seul coup) à côté d'une partie de Monopoly ou les billets de 100 $ remplissent la table de la cuisine (le gain de 100 parties). La table de la cuisine est importante, car c'est l'interaction entre mes mots-clés et mon étape de voyage.

Enfin, « sans un geste sans un soupir ». Dans le hall d'entrée, j'imagine justement un homme en train de gesticuler dans tous les sens en poussant des soupirs. C'est contre-intuitif, mais cette image me rappelle les mots-clés importants : gestes et soupir. Vous pouvez l'essayer. Si elle vous induit en erreur, vous pouvez alors imaginer par exemple un homme sans bras (sans un geste) essayer de manger une soupe (sonorité avec « soupir »).

Vous avez les mots-clés mémorisés, il vous faut maintenant procéder à quelques répétitions pour voir s'ils sont suffisants pour ancrer la phrase exacte. Si ce n'est pas le cas, il vous faudra peut-être incorporer des images supplémentaires à vos scènes loufoques. Lorsque vous serez au point, il vous restera à déambuler intérieurement dans votre voyage pour que les vers vous reviennent avec la plus grande facilité. Au niveau de maîtrise supérieur, une fois quelques répétitions espacées correctement effectuées, vous n'aurez même plus besoin de faire l'effort de chercher dans un voyage, les mots vous viendront automatiquement.

En plus de l'efficacité, l'avantage de cette méthode vous assure une vision intégrale du poème ou du texte en «survolant» vos voyages. Toutes les images et les mots stockés vous reviendront très rapidement.
À votre tour !

Défi >>

Mémorisez les 4 vers suivants en utilisant la méthode des mots clés et du voyage :

*Si tu peux être **amant** sans être **fou d'amour***

*Si tu peux être **fort** sans cesser d'être **tendre***

*Et, te sentant **haï**, sans **haïr** à ton tour,*

*Pourtant **lutter** et te **défendre***

Pour vous aider, je vous ai mis en gras des mots incontournables lors de la création de vos images.

Vous allez voir que cette méthode ressemble beaucoup à celle que vous emploierez pour mémoriser une autre matière dans laquelle les mots ont une importance énorme : le droit.

UN CODE DE DROIT DANS LA TÊTE

Mémoriser les articles entiers, les codes, avec ses références peut sembler un défi inhumain, mais à ce stade, vous avez pourtant tous les outils nécessaires pour le rendre très accessible. Cela ne veut pas dire que cela se fera sans effort de votre part : prévoyez un temps d'apprentissage conséquent, et un certain « coup de main » à prendre au début pour mémoriser vos premiers articles, mais une fois la machine enclenchée, vous irez de plus en plus vite, jusqu'à obtenir des résultats qui vous surprendront. Examinons en détail cette matière tant redoutée.

LA TECHNIQUE POUR MÉMORISER LE DROIT EN 5 ÉTAPES.

Sans conteste la partie la plus difficile est de mémoriser les références des articles et leur texte. Vous allez donc en priorité porter vos efforts sur cet aspect du Droit. Avant d'aller plus loin, soyez averti que vous aurez besoin de votre Dominic System maîtrisé si vous souhaitez mémoriser les références exactes de chaque article (voir chapitre sur le Dominic System) et les dates.

>> ÉTAPE 1 : CRÉEZ VOTRE PALAIS DE DROIT

Si vous souhaitez mémoriser le droit de la manière la plus complète possible, vous allez devoir bâtir un palais de mémoire. Chaque partie de ce palais comportera toutes les informations relatives à un thème. Un thème peut être par exemple le code civil, ou le code du travail, ou encore le code pénal, etc. Par exemple, si vous choisissez votre ville en tant que palais de mémoire, le code du commerce pourrait être stocké dans un centre commercial, des rues piétonnes, etc. Le code pénal dans des tribunaux, des bâtiments administratifs... En fait, peu importent les lieux que vous choisirez pour votre palais, tant que vous les déterminez à l'avance, tout sera clair et structuré dans votre esprit. Vous saurez exactement où chercher dans votre mémoire et gagnerez un temps énorme dans votre mémorisation et restitution.

>> ÉTAPE 2 : MÉMORISEZ LES RÉFÉRENCES DE VOS ARTICLES EN CRÉANT DES SCÈNES MÉMORABLES

> **Pour l'exemple,** vous allez prendre l'article L.1411-1 du code du travail relatif à la compétence matérielle du conseil des Prud'hommes.

Dans les références des articles, les premières lettres symbolisent des mots précis. L pour Législatif, R pour réglementaire etc. Vous devez trouver un moyen mnémotechnique d'inclure dans vos scènes un détail ou un symbole vous permettant de vous rappeler quel type d'article vous cherchez à mémoriser. Ce détail ou ce symbole sera toujours le même. Dans cet exemple, il s'agit de «L» pour législatif. Si vous êtes à l'aise avec les couleurs, vous pouvez imaginer vos scènes pour «Législatif» en couleurs, tandis que les «R» seront en noir et blanc par exemple. Bien sûr ce n'est pas le seul moyen, à vous de choisir vos moyens mnémotechniques préférés, en gardant en tête la rapidité lors de la création de vos scènes. Inutile d'intégrer un personnage pour «L» et un autre pour «R» par exemple, car cela pourrait surcharger vos images inutilement. Un simple détail suffit (comme une couleur).

La grosse partie provient des chiffres des références des articles, et c'est là que votre Dominic System entre en jeu. L'article L1411-1 est composé de 5 chiffres. L'idée est de découper en tranches de deux. Cela vous donne donc 14/11 et le 1 qui reste tout seul. La première tranche correspond au personnage 14 de votre Dominic System en l'occurrence *Arnold Schwarzenegger* (voir chapitre 4-9).

La deuxième tranche représente l'action (11) effectuée par mon personnage 11 : «manipule des fioles de chimie». Il s'agit de l'action de Lex Luthor que j'applique à Arnold. Cela me donne donc «Arnold qui manipule des fioles de chimie». Prenez le temps d'imaginer cette scène en couleurs, car il s'agit d'un article «L». Il vous reste un dernier chiffre isolé : 1. Ce n'est pas une tranche de deux chiffres mais cela n'a pas vraiment d'importance. Vous pouvez utiliser le système chiffré simple (voir le chapitre mémoriser les chiffres). Le 1 ressemblant à un drapeau flottant au vent, il vous faut intégrer cela à votre Arnold et ses fioles de chimie. Pourquoi pas :

> « Arnold manipule des fioles de chimie tout en haut d'un drapeau très coloré »

Le drapeau est très coloré pour me rappeler encore un peu plus qu'il s'agit d'un article L et pas d'une image en noir et blanc (qui serait un R).

> La référence de l'article est ainsi mémorisée. Notez que pour les arrêts la technique reste exactement la même, sauf que vous convertissez des dates en histoire et non simplement des chiffres et que votre image symbole ne sera pas pour L ou R mais pour la juridiction.

>> ÉTAPE 4 : INTÉGREZ LE CONTENU DE L'ARTICLE À VOTRE SCÈNE MÉMORABLE

Maintenant que la référence de votre article est mémorisée de façon solide, il vous reste à intégrer le contenu de l'article à votre scène. Pour cela, plusieurs méthodes possibles :

- Vous pouvez créer des fiches

    Les traditionnelles fiches de révision avec quelques mots-clés bien choisis en combinaison avec votre scène mémorable rendront vos articles de Droit beaucoup plus faciles à apprendre et retenir. Avec les fiches, n'oubliez pas de synthétiser vos informations.

- Les cartes mentales

    Les cartes heuristiques sont un excellent moyen de mémoriser le Droit. Vous avez une vision aérienne de vos images et de vos articles, et surtout, ils sont « personnifiés », vous les avez rendus vivants grâce aux techniques et vous avez une vision plus organisée de ce que vous avez fait, et de ce qu'il vous reste à faire.

- Une association en chaine

    Vous pouvez très bien utiliser les mots-clés du contenu de votre article, les transformer en associations mentales et continuer à les raccrocher aux scènes mémorables que vous avez commencé à créer. Chaque article sera ainsi contenu dans une seule gigantesque scène. Cette solution peut sembler la plus fastidieuse, et c'est pourtant celle que je préfère car son efficacité sur le long terme est la plus convaincante à mes yeux.

>>ÉTAPE 5 : RAPPELEZ VOS INFORMATIONS AVEC DES RÉPÉTITIONS ESPACÉES

Mémoriser c'est bien, mais sans rappel respectant la courbe de l'oubli, vos informations ne resteront pas suffisamment longtemps dans votre mémoire. Assurez-vous de les réviser : répétez vos scènes en détail dans votre esprit dès le premier jour avant la fin de la journée. Confrontez votre cerveau au moins deux fois dans la même journée pour toute information nouvelle. Votre cerveau oublie bien moins les informations que vous avez «vécues» deux fois au cours de la même journée.

Vous voici à présent armé pour en découdre avec cette matière tant redoutée ! Comme vous le voyez, ce n'est pas impossible une fois que vous avez la bonne technique. Pour terminer cette partie sur la mémorisation des cours, je vous ai préparé d'autres conseils qui vous seront fort utiles si vous souhaitez mémoriser d'autres types de cours.

LES AUTRES COURS

Votre cours ne fait pas partie de la liste de ceux abordés en détail dans le livre ? Pas de panique ! Vous allez pouvoir quand même utiliser les techniques de mémorisation. Voici quelques conseils précieux pour vous aider :

N'OUBLIEZ PAS LES FONDAMENTAUX DE VOTRE MÉMOIRE

>> DU GÉNÉRAL AU PARTICULIER

Quelle que soit la méthode que vous utiliserez pour mémoriser, vous ne devez pas perdre de vue des points fondamentaux qui vont vous permettre de retenir ce que vous apprenez. Le premier est celui de la compression de vos informations en mots-clés. Faites des résumés, trouvez **les 20 % de mots clés qui contiennent 80 % des informations nécessaires**, et passez du temps à repérer le fil conducteur de votre cours : le cheminement, le raisonnement et les parties les plus denses. Concentrez-vous toujours sur **le général pour aller vers le détail** et non l'inverse.

>> LA COURBE DE L'OUBLI ET LES RAPPELS ESPACÉS

Des informations qui se retiennent sont répétées à intervalles réguliers grâce au système de la courbe de l'oubli d'Ebbinghaus, comme vous l'avez vu à la fin du chapitre 3. **Les 3 premiers rappels sont les plus importants.** Le jour même où vous apprenez quelque chose, faites en sorte de réviser (interrogez-vous mentalement) ce que vous avez appris, confrontez-vous à votre cours, et affinez si nécessaire.

Durant la nuit, votre cerveau aura ainsi été exposé 2 fois le même jour à l'information apprise et considérera donc que l'information est plus importante que les autres. Le deuxième rappel devrait avoir lieu le lendemain, et le troisième le surlendemain. Un seul rappel (ou mini-révision) suffit. Il est inutile de répéter en boucle chaque jour comme vous le feriez pour l'apprentissage par cœur.

ADAPTEZ LES TECHNIQUES DE MÉMORISATION À VOS COURS

>> REGARDEZ DES EXEMPLES DE COURS

Tout au long de cette sixième partie, vous avez découvert quelles techniques privilégier pour mémoriser des cours précis. Le vôtre ne se trouvait peut-être pas dans la liste, mais cela ne veut pas dire que vous ne pouvez pas les utiliser. Si vous avez volontairement zappé des chapitres parce qu'ils ne vous concernaient pas, je vous suggère de les lire quand même pour vous imprégner de la façon de plier l'art de la mémoire à votre volonté. Ces chapitres sont autant d'exemples d'utilisations possibles et peut-être que certaines d'entre elles peuvent être légèrement modifiées. La seule personne qui peut le savoir, c'est vous. N'oubliez pas que les techniques sont flexibles. Jetez ce qui ne vous plaît pas, prenez ce qui vous plaît, et regardez le temps que cela vous prend. Prenez le chemin de la moindre résistance pour votre esprit, c'est-à-dire la façon la plus simple mais la plus efficace, plutôt que de vouloir tout de suite bâtir un système de mémorisation immense.

>> EXPÉRIMENTEZ...

Il n'existe pas qu'une méthode pour mémoriser des cours. La meilleure technique sera celle qui marche pour vous, et pour la découvrir, vous devrez tester les options à votre disposition. Peut-être qu'un Dominic System sera nécessaire, peut être qu'un palais de mémoire vous paraît utile, mais vous n'êtes pas sûr ? Lancez-vous ! Ce ne sera pas du temps perdu, car vous aurez d'autres types d'informations à apprendre plus tard, et si vous avez déjà testé ce qui ne fonctionne pas, ce sont autant d'erreurs que vous ne commettrez pas dans le futur !

>> ... MAIS PLANIFIEZ AUSSI !

Au cours des années, j'ai réalisé bon nombre de défis mémoire, plus différents les uns des autres sur potiondevie.fr. J'ai donc expérimenté de nombreuses techniques, échoué beaucoup, mais à chaque fois je planifiais dans ma tête ==avant de commencer==. Je passais un temps vraiment important avant de m'atteler à la tâche, et ce temps a souvent été décisif pour la réussite du défi. Un cours est comme un défi mémoire. Vous devez passer un moment à déterminer comment vous allez procéder, déterminer votre plan d'attaque. Votre plan peut être mauvais (voir précédemment), mais il doit être mis en application pour savoir si c'est réellement le cas. Votre plan devra répondre à ces questions :

- En combien de temps pourrais-je réaliser mon défi de façon ==réaliste== en utilisant mon plan ?
- Quel est le gros avantage de mon plan ?
- Comment je peux commencer à mémoriser ==dans les 15 minutes qui suivent== ?
- Comment est-ce que je saurai que ma technique fonctionne ? Quel est le critère ?

Normalement, je recommande souvent de créer un plan B au cas où le premier ne fonctionne pas. Mais pas lorsqu'il s'agit de mémoriser des cours. Chaque minute compte, et vous devez privilégier l'action. Une mémorisation n'est jamais perdue, même si votre technique n'est pas la bonne. En revanche, le temps passé à prévoir des solutions de secours, lui, se perd/est perdu. En d'autres termes : action, action, action ! Vous aurez tout le temps de faire des ajustements par la suite.

>> POSEZ-VOUS LES BONNES QUESTIONS

Pour terminer, vous devez reformuler les questions que vous vous posez quant à la mémorisation de vos cours. Le dialogue interne (lorsque vous vous parlez intérieurement) a une influence considérable sur votre cerveau et vos capacités. Si vous vous dites : « est-ce que c'est possible ? » votre cerveau vous dira « non » au bout d'un moment, et cela finira par vous décourager dès que vous aurez moins d'énergie que d'habitude. Si vous vous dites : « comment je vais faire pour mémoriser ceci », votre cerveau réfléchira à une solution de manière plus active et plus constructive.

Cette partie sur la mémorisation des cours est à présent terminée, mais une bonne mémoire n'est pas que scolaire. Elle est avant tout un atout précieux au quotidien. Vous allez maintenant découvrir comment l'exploiter pour vous faciliter la vie et faire de vous un petit génie !

7
**LES TECHNIQUES
QUI FACILITERONT
VOTRE VIE QUOTIDIENNE**

« Avec de la mémoire on se tire de tout »

Alfred
de Musset

Non seulement votre bonne mémoire va vous faire réussir des concours, des examens et va favoriser vos apprentissages, mais elle est également un atout impressionnant dans votre vie quotidienne. Dans cette partie, vous allez découvrir comment utiliser l'Art de la Mémoire pour rendre votre vie plus facile, et susciter l'envie et la surprise dans votre entourage, car les progrès viennent très vite ! Avant de commencer, il est de mon devoir de vous rappeler que la plupart des applications que vous allez découvrir sous-entendent que vous avez déjà une connaissance des techniques de base présentées en première partie.

SE RAPPELER DES NOMS ET DES VISAGES

Tout le monde n'est pas égal face à la mémorisation des noms et des visages. Pour certains, c'est inné, ils n'ont pas besoin de technique, les noms et les visages leur reviennent aisément. Mais pour la majorité des gens, il y a un problème quelque part :

- Soit ils se rappellent du nom mais pas du visage
- Soit l'inverse
- Soit un peu des deux
- Soit beaucoup des deux

Il existe une technique en 5 étapes pour mémoriser le tout (noms et visages) sans vous tromper. Les avantages, si vous la maîtrisez, sont nombreux.

Vous devez vous-même mémorable, car une personne capable de faire cela est **rare**. Quelqu'un qui se souvient de votre nom même 6 mois après alors il ne vous a vu qu'une fois marque durablement votre esprit.

Si vous avez un métier en rapport avec du public ou bien avec beaucoup de relationnel, la technique se révèlera également très précieuse et vous permettra de marquer de nombreux points. De plus, si vous venez d'arriver dans une grande entreprise, organisation, école etc. vous pouvez utiliser cette technique pour mémoriser des centaines de visages et noms à l'avance et ainsi vous faire des amis beaucoup plus rapidement !

ÉTAPE 1 : ACTIVEZ LE MODE « VIGILANCE » DE VOTRE MÉMOIRE

Beaucoup oublient le nom des personnes qu'ils rencontrent pour la première fois à peine quelques secondes après les présentations. Faites le test en soirée pour vous en convaincre. C'est un phénomène classique de votre mémoire qui est appelé l'effet tunnel. Vous êtes tellement concentré sur ce que vous allez dire (« Bonjour, moi c'est… ») que votre cerveau n'enregistre pas vraiment ce que vous dit votre interlocuteur (sauf si cela sort vraiment de l'ordinaire).

> Votre première étape consiste donc à déclencher un mode « vigilance » pour votre mémoire. Pour cela, lorsque chaque personne nouvelle se présente à vous, avant même qu'elle ait commencé à parler, posez-vous systématiquement la question suivante :
>
> « Comment s'appelle-t-il/elle ? »

De cette manière, vous serez plus concentré sur ce que vous allez entendre que ce que vous allez dire. Une fois que c'est votre tour de parler, répétez à voix haute son prénom (pour voir aussi si vous l'avez bien compris !), puis présentez-vous. Et encore mieux, tâchez de répéter ce nouveau prénom dans les minutes qui suivent en présentant, à votre tour, cette personne à une autre ! Cette simple astuce suffit à augmenter de 50 % votre taux de rétention des noms et visages, il serait dommage de s'en priver !

ÉTAPE 2 : REPÉREZ UN DÉTAIL REMARQUABLE

Les gens que vous rencontrez pour la première fois on souvent un détail physique ou signe particulier remarquable. Ce peut être n'importe quoi, une coupe de cheveux excentrique, une mâchoire particulièrement carrée, des yeux d'un gris inhabituellement clair ou un nez très long. Le but est que vous saisissiez chez la personne quelque chose qui vous servira de déclencheur lorsque vous la reverrez.

> À noter que même si elle change radicalement de coupe de cheveux, votre mémoire se souviendra du détail qui avait attiré votre attention. Cela est dû aux différents réseaux de reconnaissance de neurones qui enregistrent inconsciemment un nombre élevé de détails sur le visage pendant que vous ne vous concentrez que sur un seul

d'entre eux. Certaines personnes ont des réseaux neuronaux de reconnaissance déficients : ils ne reconnaissent pas les visages automatiquement. C'est pourquoi cette technique de mémorisation devrait clairement les aider.

Que faire si aucun détail ne sort de l'ordinaire chez votre interlocuteur ?

Réponse : élargir votre champ de recherche et vous concentrer sur l'allure générale (il ressemble à un banquier, un prof ou un acteur connu, etc.)

Vous pouvez également vous concentrer sur la démarche (elle a la même démarche que mon amie Suzanne du cours de…) l'apparence vestimentaire (sa robe me rappelle…) ou même sur un détail de comportement (il me broie la main quand il me la serre, etc.)

Peu importe ce que vous choisirez, il vous faudra sélectionner cet élément déclencheur.

ÉTAPE 3 : CRÉER UNE ASSOCIATION

C'est dans cette étape que va se faire l'essentiel de la technique pure. Voici comment procéder.

Exemple :

Vous êtes en mode vigilance, vous avez peut-être repéré un détail qui vous servira de déclencheur chez cette femme qui se rapproche (elle a des sourcils plutôt épais).

« Bonjour…. Chloé »

Vous répétez son prénom, puis vous vous présentez. Dans votre esprit, le prénom « Chloé » vous fait penser à « cloué ». Une association mentale complètement absurde se forme dans votre esprit avec ces deux éléments. Votre interlocutrice vous apparaît avec des *sourcils* énormes, *cloués* au-dessus de ses yeux.

Quelle que soit votre association imagée, vous n'êtes pas obligé de la créer sur le moment. Vous pouvez le faire en différé, c'est-à dire, après avoir rencontré la personne et qu'elle est encore bien présente dans votre esprit. De cette façon, vous n'aurez que peu d'efforts à faire sur le moment. À vous de jouer maintenant !

> **Défi >>**
>
> Associez les prénoms suivants à des images mentales : Gaspard, Colette, Léa, Karine, Stéphane, Nathan, Kamel, Olli, Kim, Paco, Tatiana.

>> COMMENT CELA VA SE PASSER DANS VOTRE CERVEAU ?

La prochaine fois que vous recroiserez la personne, le détail vous reviendra immédiatement, ainsi que l'association imagée. N'oubliez pas que pendant que vous recherchez ce détail qui sort de l'ordinaire, vos neurones enregistrent inconsciemment bien d'autres informations, donc même si la personne change de coupe de cheveux ou de pilosité, vous aurez mémorisé son visage.

ÉTAPE 4 : MÉMORISEZ LES VISAGES ET LES PRÉNOMS À LONG TERME

Pour mémoriser à long terme, vous aurez besoin d'effectuer des rappels espacés. Les noms et les visages n'échappent pas à cette règle. Donc faites-vous un planning et repassez vos images en revue dans votre esprit au moins pour les 3 premiers rappels (jour 1/2/3).

> L'idéal étant de vous constituer une sorte de banque d'images pour les prénoms, c'est-à-dire une image mentale déjà toute prête que vous utiliserez chaque fois que vous serez confronté au prénom en question. Au bout d'un moment, votre travail d'association sera facilité car vous n'aurez pas à chercher une image pour le prénom, vous la connaîtrez déjà.

N'oubliez pas d'utiliser également pour les rappels vos différentes mémoires (auditives, kinesthésiques et visuelles) pour mémoriser à long terme : entraînez-vous également à répéter à voix haute le prénom et à le réécrire, cela vous aidera, surtout pour l'orthographe !

NIVEAU AVANCÉ :
MÉMORISEZ LES NOMS DE FAMILLE AUSSI !

Si vous arrivez à mémoriser un prénom et un visage systématiquement (et vous le pourrez facilement à force d'utiliser cette technique), alors vous serez capable de faire ce que bien peu arrivent à accomplir. Et vous pouvez aller encore plus loin en mémorisant également le nom de famille de vos interlocuteurs. Pour cela, il vous suffit d'ajouter un élément à votre image mentale en créant une association avec le nom de famille aussi.

> **Exemple :**
>
> Anthéa Bayun. Il vous faut une association pour le prénom «Anthéa» et une autre pour le nom de famille «Bayun». Anthéa peut faire penser à une «antenne» et Bayun peut faire penser à un bâillon, ou encore mieux, un jambon de Bayonne. Vous pouvez alors imaginer un jambon de Bayonne pendre d'une antenne et sécher à l'air libre.
>
> Pour les noms compliqués, vous devrez peut être découper votre association en plusieurs petites images, à la façon d'un rébus pour vous aider à retrouver le nom complet. Comme à chaque fois, ce qui va juger de l'efficacité de vos associations, ce sont les rappels que vous effectuerez. Essayez pour voir.

Défi >>

Mémorisez les prénoms et noms suivants :
Maria Terraki, Sarah Divassou, Gilles Beauffay, Bastien Anthony, Pierre Eleloup.

S'ENTRAÎNER FACILEMENT À MÉMORISER LES NOMS

Si vous voulez vous entraîner à mémoriser les noms de façon rapide et facile, j'ai pensé à deux solutions :

1- Prenez un film ou une série que vous appréciez. Puis, rendez-vous dans les crédits (le générique) et amusez-vous à mémoriser les noms et prénoms du casting.

2- Rendez-vous sur une page d'un réseau social comme Facebook, utilisez les membres du fan club d'une page au hasard et exercez-vous à en retenir le maximum. Vous aurez également bien souvent le visage en plus du nom et prénom pour vous entraîner.

À présent, voyons comment votre mémoire peut vous aider à retenir des emplois du temps complets, de façon rapide et pratique. Vous n'aurez plus besoin de rappel électronique avec la technique de l'agenda mental !

AVOIR TOUT SON AGENDA DANS LA TÊTE, MIEUX QU'UN SMARTPHONE

Combien de rendez-vous ou de tâches à accomplir avez-vous déjà oubliés dans votre vie ? Difficile à dire n'est-ce pas, mais un nombre certain j'en suis sûr ! Parfois, c'est important, parfois moins, mais vous perdez pas mal de temps à réparer ces oublis. Dans ce chapitre, vous allez découvrir une technique pour mémoriser directement tout votre agenda, avec vos rendez-vous, ses tâches à accomplir. Vous n'aurez plus besoin de sortir votre smartphone et entrer des informations à la va-vite dont vous ne saurez même plus la signification quelques jours après. Tout sera dans votre tête.

LA TECHNIQUE POUR NE PLUS OUBLIER LES TÂCHES ET LES RENDEZ-VOUS.

Pour mémoriser ce que vous avez à faire dans une journée, la solution la plus simple consiste à symboliser chaque tâche par une association mentale et de les relier dans une association en chaîne, comme vous l'avez vu au cours du chapitre 4-3.

Exemple d'une journée : préfecture pour carte grise, poste pour envoi du courrier, courses, rdv avec Franck à 14 h, agence immo à 16 h, sortie à 20 h devant le resto.

Vous pouvez imaginer le bâtiment de la préfecture exploser en une multitude d'enveloppes postales. Celles-ci atterrissent dans un chariot de supermarché. Le chariot roule et percute Franck qui était en train de soulever des haltères (objet du Dominic System 14). Franck se relève et marche jusqu'au restaurant rempli de fées attablées en train de manger (les fées sont le personnage numéro 20 du Dominic System).

Comme vous pouvez le constater, il est très pratique d'utiliser votre Dominic System pour vous aider à vous souvenir des heures de rendez-vous. En une ou deux répétitions de cette histoire tordue, votre emploi du temps sera mémorisé de façon précise. Notez qu'il est tout à fait possible d'intercaler des tâches imprévues, il vous suffit de faire un petit effort d'imagination et d'intercaler une image entre les maillons de votre chaine d'associations. Votre mémoire ne sera pas perturbée par cette modification de dernière minute.

À vous de tester !

> **Défi >>**
>
> Mémorisez avec la technique ci-dessus l'emploi du temps de la journée suivante :
> Coiffeur à 9 h, aller chercher le pain, pharmacie, rdv avec Marie pour le squash, poster la lettre, lire le chapitre 1 de votre cours/livre important, émission radio à 22 h à écouter (car intervenant intéressant !)

Comme toujours, ne cherchez pas à créer des images trop compliquées. Prenez ce qui vient, vous n'oublierez pas de détails ! Mémoriser une journée, c'est utile, mais mémoriser une semaine entière, c'est encore mieux, et ce n'est pas plus difficile. Voici la technique :

MÉMORISER FACILEMENT VOTRE AGENDA POUR LA SEMAINE ENTIÈRE

Imaginez que vous souhaitiez maintenant mémoriser votre emploi du temps chaque semaine pour les 7 jours à venir, et pouvoir changer et intercaler des rendez-vous et des tâches à votre guise, sans effort. C'est possible, et assez rapide.

Créez un voyage de 7 étapes. ==Chacune d'entre elles symbolisera un jour de la semaine.== Voici le voyage que j'utilise pour mémoriser mes tâches de la semaine :

1- Ma chambre *(lundi)*
2- Le hall d'entrée *(mardi)*
3- Mon salon *(mercredi)*
4- Ma cuisine *(jeudi)*
5- La buanderie *(vendredi)*
6- La salle de bains *(samedi)*
7- La porte d'entrée *(dimanche)*

Pour votre voyage, essayez dans la mesure du possible de choisir des endroits spacieux (pour y caser beaucoup d'éléments) et de faire en sorte que les endroits les plus marquants correspondent aux jours les plus chargés, car il est un peu plus facile de créer des associations mentales à rallonge dans des endroits incontournables et spacieux.

Ensuite, pour mémoriser vos tâches et rendez-vous de la semaine, il ne vous reste plus qu'à disposer vos images et associations en chaîne dans chaque pièce correspondante. Lorsque vous naviguerez mentalement dans votre mémoire, tout ce que vous avez stocké vous apparaîtra sans problème et sans risque de confusion. Vous aurez même une vision d'ensemble de vos rendez-vous sur toute la semaine en quelques secondes juste avec ce passage en revue, chose qui vous serait beaucoup plus fastidieuse avec une mémoire externe (téléphone, ordinateur etc.).

La seule règle de création pour utiliser cette méthode : n'oubliez pas de ==faire interagir vos associations== avec les lieux de votre voyage ! C'est la « glu » qui empêchera vos associations de s'échapper. Envie de tester ?

> **Défi >>**
>
> Mémorisez le planning de cette semaine en utilisant la technique du voyage et des associations :
>
> Lundi : faire les comptes / Mardi : révisions / Mercredi : dentiste, papiers de l'assurance, coiffeur / Jeudi : musée, rdv avec Hervé / Vendredi : petit déj' à la salle de sport, préfecture pour passeport, rdv avec Meline à 15 h 30 / Samedi : sport et soirée chez Fabien / Dimanche : poterie à 13 h

En un rappel ou deux, vous devriez avoir mémorisé cet emploi du temps. Chaque matin, il ne vous reste plus qu'à vous imaginer dans la pièce en question et à chercher les images entreposées. Chaque semaine, vous pourrez reprendre à zéro votre création de planning et restocker des images. Votre mémoire aura fait son travail d'oubli sur les jours précédents.

À présent, découvrez comment mémoriser jusqu'à un mois à l'avance, le tout dans votre tête, et sans plus de difficulté !

MÉMORISER UN AGENDA SUR UN MOIS COMPLET

Pour mémoriser jusqu'à un mois d'agenda dans votre tête, la technique est similaire, excepté que vous devez créer un voyage de 31 étapes au lieu de seulement 7. Chaque étape correspondra à un jour précis du mois en cours. Pour vous aider à vous y retrouver, je vous suggère d'intégrer dans certaines étapes des « marqueurs » mentaux à intervalle régulier, par exemple toutes les 10 étapes. Pour votre 10e étape, vous pouvez imaginer dans le lieu que vous avez choisi un drapeau ou bien le personnage numéro 10 de votre Dominic System. De cette façon, vous pourrez naviguer plus facilement dans ce long voyage. Si on vous demande ce que vous avez de prévu le 18 du mois, vous saurez que c'est deux étapes avant votre marqueur « 20 ». Vous n'aurez pas à recompter du début. Une fois encore, pensez bien à faire interagir l'image « marqueur » que vous avez sélectionné et l'étape en question.

> **Défi >>**
>
> Créez un planning factice qui s'étend sur un mois et testez la technique en le mémorisant dans un voyage de 31 étapes.

À ce stade, vous aurez acquis le statut de mémoire extraordinaire auprès de votre entourage car bien peu sont capables de réaliser ce type d'exercice. Mais si vous aimez les défis, sachez que vous pouvez aller encore plus loin...

NIVEAU AVANCÉ : MÉMORISER UNE ANNÉE COMPLÈTE ET L'ADAPTER FACILEMENT AUX IMPRÉVUS

Pour mémoriser une année complète, vous allez créer un voyage de 12 étapes. Chaque étape devra être assez grosse (prenez plutôt une pièce ou un endroit vaste) car elle symbolisera un mois entier. Vous n'aurez pas besoin de «marqueur» comme pour mémoriser un mois, mais vous aurez besoin de maîtriser votre Dominic System, car vous vous en servirez pour mémoriser les jours de tâches à accomplir.

> **Exemple :**
>
> En imaginant que je doive assister au mariage de mon ami David le 28 mai de cette année. Il s'agit du cinquième mois, qui correspond donc à une image mentale placée dans la 5ᵉ étape de mon voyage : la salle de bain. Très bien. Le 28 de mon Dominic System étant un samouraï avec son armure, j'imagine David en robe et en pleine séance de mariage avec un samouraï. N'oubliez pas l'importance de rendre vos images mémorables, votre cerveau adore être surpris ! La salle de bain est suffisamment grande pour y placer d'autres tâches du mois de mai. L'image du samouraï rappelle qu'il s'agit du 28, et la salle de bain qu'il s'agit du mois de mai et mon ami David en robe de mariée me rappelle qu'il s'agit de son mariage !

Le principe reste donc le même : un voyage où chaque étape représente un mois. À titre personnel, je trouve même qu'il est plus aisé de mémoriser directement toute l'année que mois après mois, mais ceci à condition que vous maîtrisiez à la perfection votre Dominic system.

Maintenant, un peu de loisirs pour changer, puisque l'on va s'intéresser à la guitare et la manière d'apprendre les notes et le placement de vos doigts à vitesse grand V.

COMMENT APPRENDRE LA GUITARE AVEC L'ART DE LA MÉMOIRE

Il est possible d'utiliser les techniques de mémorisation pour accélérer votre apprentissage de la guitare. Ce chapitre traite de cet instrument, mais il pourrait très bien être transposé à d'autres instruments qui nécessitent un placement à connaître. À noter que la technique n'est nécessaire que le temps de l'apprentissage des notes. Très vite, vous pourrez passer à la pratique de façon instinctive et naturelle.

APERÇU DE LA GUITARE

Voici la guitare avec les notes et leurs emplacements :

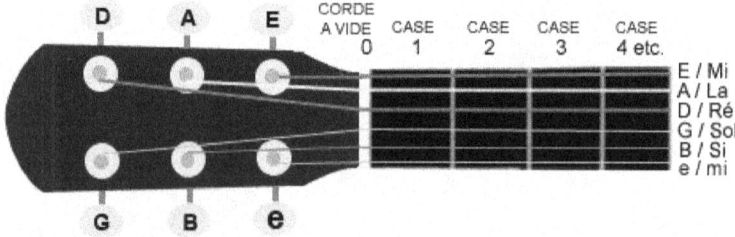

Vous pouvez remarquer une partie « corde à vide ». Cela signifie que la corde est jouée seule, sans qu'aucun doigt de la main gauche (côté manche) n'appuie dessus. Par exemple, en suivant l'image ci-dessus, la première corde jouée à vide donnera la note MI, la deuxième LA, puis respectivement RE SOL SI MI (comme la première corde).

Cette précision étant apportée, voyez maintenant comment bien placer vos doigts pour apprendre rapidement.

BIEN PLACER SES DOIGTS SUR LA GUITARE

Il s'agit de la base. Pour maîtriser cette étape, vous devrez utiliser votre mémoire kinesthésique : celle des mouvements. L'idéal est donc de vous entraîner à placer vos doigts, passer d'une note à l'autre, de vous interroger ou de vous faire interroger avec une aide sous les yeux. Des applications comme Rock Prodigy ou des vidéos tutoriels sur Youtube vous aideront à maîtriser plus vite cette étape en partant avec les bonnes positions et en vous évitant de perdre de vous fatiguer les doigts/poignets !

RESTITUER LES NOTES SUR LA GUITARE

Pour cette étape, vous devrez trouver un support qui vous récapitule les notes et les emplacements des cordes sur la guitare. Vous pouvez le chercher directement sur Internet ou bien vous inspirer de l'illustration suivante :

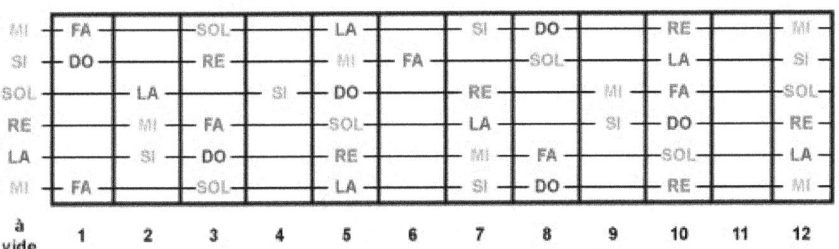

C'est maintenant que vos connaissances des techniques de l'art de la mémoire vont vous aider à gagner un temps précieux, en contrepartie d'une petite gymnastique cérébrale en 4 étapes qui fera du bien à votre mémoire.

>> ÉTAPE 1 : CONVERTIR LES CORDES EN IMAGES

Vous devez convertir chacune des 5 premières cordes en image (du haut en bas du manche, de la plus grosse à la plus fine). Pour cela, vous pouvez utiliser le système numérique simple.

> **Exemple :**
> La corde numéro 1 sera le drapeau car le 1 ressemble à un rapeau, la corde 2 sera le cygne, car la forme du 2 suggère un cygne, la corde 3 une paire de menottes, la 4 un voilier, et la 5 un serpent. La corde 6 ayant les mêmes effets que la 1 vous prendrez donc les mêmes images.

>> ÉTAPE 2 : CONVERTIR LES CASES EN IMAGES

Pour chaque case, vous pouvez utiliser votre Dominic System. Exemple : pour la case 1, votre personnage numéro 1, etc.

>> ÉTAPE 3 : CONVERTIR LES NOTES EN IMAGES

Pour cette étape, convertissez chaque note en objet, animal ou personnage commençant par la syllabe. Exemple : Pour la note MI : Michaël Jackson, Mirtylle, Michelin (le bonhomme), Mickey, Minnie… Pour SI : cigarette, ciment, citrouille… Pour SOL : soleil, soldat, solo… etc.

>> ÉTAPE 4 : MÉMORISEZ VOS NOTES

À présent, repérez la note que vous voulez apprendre (do, ré, mi…) et son emplacement sur chaque corde grâce à l'illustration précédente. Souvenez-vous que la 6e corde aura exactement les mêmes emplacements que la 1ère corde. N'oubliez pas non plus les notes des cordes à vide.

Voici comment vous pouvez associer vos images pour mémoriser les notes.

Créez une association mentale en liant les trois éléments des étapes 1-2-3.

- Le numéro de la case : personnage de votre Dominic System
- Le numéro de la corde : système numérique simple (la forme du chiffre symbolisée par une image)
- La note à jouer : personnage ou image avec la première syllabe de la note (Michaël Jackson, soldat, cigarette, etc.)

Exemple avec la note MI :

Elle se trouve à différents endroits de la guitare :

- 1ère corde à vide
- 1ère corde case 12
- 2e corde case 5
- 3e corde case 9
- Etc.

Créez une association mentale mémorable (loufoque, drôle) pour mémoriser le tout directement dans votre mémoire à long terme. Pour la note MI, cela donne :

- Un **drapeau** aux couleurs de *Mickey* flotte dans le vent (corde 1 pour le drapeau, Mickey pour la note et le vent pour corde à vide)
- **Tarzan** essaie d'arracher le drapeau de Mickey : (personnage 12 du Dominic System, corde 1, note MI comme Mickey)
- Un **mandarin** avec des oreilles de Mickey s'envole sur un cygne (personnage 5 du Dominic System, Mickey pour la note MI et le cygne pour l'image de la deuxième corde)
- Etc.

Vous avez à présent la technique pour mémoriser ==l'emplacement de chaque note de musique de la guitare==, même sans avoir de guitare sous les mains et de façon assez rapide. Une fois cette technique maîtrisée, il est intéressant de mémoriser directement les accords les plus utilisés dans les morceaux. Pour cela, il est assez facile de prendre vos images et de les lier entre elles, puis de vous entraîner en pratiquant. Très vite, vous n'aurez plus besoin de faire l'effort de rappeler vos images, car cela deviendra instinctif !

> À présent, nous allons voir comment utiliser votre mémoire pour ne plus passer des heures à rechercher l'endroit exact où vous vous garez dans des parkings immenses.

OÙ ÉTAIS-JE GARÉ ?
QUEL ÉTAIT LE NUMÉRO DE MA PLACE DÉJÀ ?

Vous arrivez en voiture sur un parking gigantesque. Pour vous souvenir de votre place, vous repérez qu'elle est juste à côté d'un abri à chariots. Problème, deux heures après, en sortant du centre commercial, vous vous rendez compte qu'il y a une bonne dizaine de distributeurs de chariots... Sans parler exclusivement des places de parking, celles de stade, de cinéma, d'avion, de train sont un enfer à mémoriser. Les situations de personnes qui pensaient avoir la même place dans un train se multiplient par exemple. Avec une simple astuce ces types de soucis peuvent être réglés définitivement.

LA TECHNIQUE POUR MÉMORISER LES PLACES DE PARKING, AVION, TRAIN, ETC. À LA VOLÉE

Certains parkings vraiment gigantesques ont pris l'habitude de symboliser leurs allées par des images symboles (secteur Kangourou, allée 15 R4 par exemple). Cette aide montre bien que ce problème n'est pas anodin. Cependant, elle n'est pas suffisante. Rien ne vaut des associations que vous créez sur mesure, à la volée et qui restent gravées dans votre mémoire.

Imaginez que vous ayez cette place de parking à retenir : 25C12

Ces chiffres sont totalement arbitraires et bien souvent vous n'aurez pas 2 parties chiffrées dans un même parking. Il ne suffit pas de vous répéter en boucle pendant 2 minutes 25C12 dans votre tête pour vous garantir de retrouver votre place. Bien souvent vous aurez oublié une partie importante de cette information et la plupart du temps vous avez bien d'autres choses en tête. L'idée est donc de créer une association mentale à la volée, c'est-à-dire en très peu de temps.

À quoi 25 vous fait penser ? Si ce chiffre vous rappelle quelque chose, allez-y ! Dans le cas contraire (et seulement dans ce cas-là) prenez le personnage 25 de votre Dominic System. En l'occurrence, il s'agirait ici d'un pêcheur. La lettre C peut être convertie avec le système des associations Alphabet. La lettre C rappelle la forme d'un croissant de lune par exemple. Si avez une mémoire plus auditive ou kinesthésique, prenez un mot qui commence par «C» pour vous en rappeler comme Carré/Cassis/Carte/Crabe/Croissant (encore) etc.

Enfin, l'autre chiffre (12) doit être associé à une image forte. Là encore, d'abord votre image spontanée pour 12, et ensuite une image de votre Dominic System si vous ne trouvez rien. Le 12 serait par exemple la lance de Tarzan.

En liant le tout vous obtenez une histoire qui pourrait être :

«Un pêcheur pêche un croissant avec la lance de Tarzan» ou bien «Un pêcheur lance un croissant sur Tarzan».

Vos possibilités sont infinies. Privilégiez la vitesse d'association dans votre esprit, car la bonne nouvelle c'est que vous n'aurez pas besoin d'effectuer de rappel puisqu'en théorie, vous n'avez pas besoin de les mémoriser à long terme. Cela doit devenir un réflexe pour vous.

Si les numéros de place comportent 3 chiffres, vous pouvez compléter votre Dominic System par un un système simple.

Exemple :
Place 124 deviendrait Tarzan… (12) sur un voilier (le 4 ressemble à un voilier). De cette façon, vous mémorisez avec la même aisance des numéros de places de 2 ou 3 chiffres.

Envie de vous tester ?

Défi >>

Mémorisez le plus rapidement possible ces places de parking, avion, train :

Train : voiture 14 place 96 / Voiture 4 place 21 / Voiture 16 place 124

Avion : 26 E / 31 F / 42 B

Parking : A5 / R14 / Parking 1, allée 4 rangée R

À présent, vous allez découvrir comment votre mémoire peut vous aider à retenir des répertoires téléphoniques entiers !

AVOIR SON RÉPERTOIRE TÉLÉPHONIQUE DANS LA TÊTE

Le plus gros point fort de l'art de la mémoire est de convertir des choses difficiles en images mémorables. Les chiffres d'un numéro de téléphone peuvent former un tas d'histoires absurdes qui resteront bien mieux en mémoire que de les répéter en boucle. Vous allez découvrir dans ce chapitre la technique pour retenir tout votre répertoire téléphonique rapidement. Effet garanti en société !

STOCKEZ VOS NUMÉROS DE TÉLÉPHONE DANS DES LIEUX FAMILIERS

Première étape si vous souhaitez mémoriser beaucoup de numéros : trouver des lieux où les stocker ! Une possibilité pourrait être de créer un palais de mémoire mais ce n'est pas la solution la plus efficace. Le meilleur lieu mémoriel pour stocker un numéro de téléphone est tout simplement le lieu d'habitation ou d'exercice de la personne en question !

Par exemple, vous pourriez stocker le numéro de téléphone de votre dentiste en vous imaginant directement dans sa salle ! Idem pour le coiffeur, et tout autre type de commerce. Imaginez vos images directement aux endroits concernés. Vous pouvez utiliser cette technique pour tous les numéros : amis, connaissances, collègues de travail, administration...

Si vous ne connaissez pas le lieu d'un de vos contacts, vous pouvez très bien l'imaginer dans un lieu de votre choix ou dans un lieu typique. Vous n'avez jamais vu les bureaux de votre nouveau banquier ? Imaginez l'histoire prendre place au sein d'une banque que vous connaissez. Votre cerveau ne confondra pas les numéros.

Maintenant, selon si vous maîtrisez le Dominic System ou non, vous avez deux solutions possibles pour mémoriser les numéros eux-mêmes.

OPTION 1 : MÉMORISER LES NUMÉROS DE TÉLÉPHONE AVEC LE DOMINIC SYSTEM

En choisissant le Dominic System, vous pouvez mémoriser les numéros de téléphone très rapidement. Un numéro est constitué de 10 chiffres mais bien souvent vous n'en avez besoin que de 8. Les deux premiers se répétant bien souvent (exemple 06…).

En imaginant que mon numéro de dentiste soit : 04 77 32 21 08 je peux laisser tomber le « 04 77 » qui sont des indicatifs déjà mémorisés depuis longtemps, il ne me reste donc qu'à me concentrer sur les 6 dernier chiffres : 32 21 08.

Traduit en Dominic System, cela donne : un mineur caresse un tigre avec un gant de gardien de but ! (personnage 32, action 21 et objet 08). Il ne me reste qu'à fixer cette histoire absurde chez mon dentiste (pourquoi pas la salle avec le siège ?). J'imagine un mineur en train de caresser un tigre avec un gant de gardien. Le tigre est installé sur le dos et attend sans doute son opération.

Bien souvent, vous aurez des numéros de téléphone portable, soit 8 chiffres à mémoriser, mais la méthode reste la même. Exemple avec un agent immobilier que je ne connais pas, mais qui m'a fait visiter un appartement. Je peux prendre l'agence immobilière ou bien l'appartement ; les deux fonctionneront aussi bien. Il reste maintenant à convertir le numéro en histoire : 06 15 24 32 48. Dans cet exemple, j'ai donc 4 séries de 2 chiffres, ce qui donnera :

« Lucky Luke (personnage 15) plonge à travers une fenêtre (action du personnage 24) avec une pioche à la main (objet personnage 32) et tombe sur une mariée (personnage 48). »

N'oubliez pas de toujours lier chaque élément entre eux et avec le décor (lieu) que vous avez choisi. À vous de jouer à présent !

Défi >>

Mémorisez les numéros de téléphone suivant, en utilisant votre Dominic System :

Boucher : .... 24 58 96 /
Maeva, la fille rencontrée l'autre jour : 06 14 25 14 96 /
Le banquier : 06 35 89 95

OPTION 2 : ASSOCIEZ LES CHIFFRES PAR CE QU'ILS VOUS ÉVOQUENT

Une autre façon de mémoriser ces courtes séquences de numéros de téléphone peut être d'associer les chiffres par groupes. C'est une bonne alternative si vous ne maîtrisez pas encore votre Dominic System.

Exemple : imaginez ce numéro de téléphone : 06 10 14 00 71. Les trois premiers chiffres forment « 101 » ce me fait penser à la route 101 le long du pacifique sur la côte ouest américaine. Le 4 me fait penser à un 4x4 puis je vois 007 comme l'agent James Bond et le 1 parce qu'il est numéro 1. J'ai découpé le numéro de téléphone ainsi : 101 4 007 1 plutôt que deux chiffres par deux chiffres car je trouvais des significations plus rapidement. Si vous réfléchissez bien, certaines publicités utilisent déjà ce type de mnémotechnique pour ancrer des numéros à 6 chiffres dans votre esprit : 118 218 est beaucoup plus facile à retenir que 11 82 18 par exemple.

N'hésitez pas à découper des numéros avec des chiffres qui représentent quelque chose pour vous. Il s'agit de faire travailler votre mémoire épisodique, celle qui est personnelle et dans laquelle sont stockés les « épisodes » de votre vie. Essayez avec les 2 numéros ci-dessous :

Défi >>

Mémorisez les 2 numéros suivants en créant des associations mentales sans utiliser votre Dominic System :
06 99 92 14 47 et 07 41 56 67 85

COMMENT STOCKER VOS NUMÉROS DE TÉLÉPHONE DÉFINITIVEMENT DANS VOTRE MÉMOIRE

En utilisant ces 2 options, vous serez en mesure de mémoriser des numéros de téléphone très rapidement, que vous ayez votre portable à portée de main ou non ! Mais tout cela ne sera qu'éphémère si vous n'utilisez pas la technique des répétitions espacées. Aucun rappel n'est nécessaire si vous comptez l'enregistrer sur votre portable, mais si vous souhaitez également le mémoriser à long terme, vous devrez vous interroger et répéter vos histoires mentales à intervalles réguliers. Rassurez-vous, cela va très vite et ==vous n'êtes pas obligé de passer en revue tout votre répertoire à chaque rappel.==

À présent vous allez découvrir comment retenir les points importants des conversations et ne plus les oublier l'heure suivante. Cette technique vous évitera bien des situations embarrassantes !

RETENIR LES CONVERSATIONS ET MÉMORISER LES PRÉSENTATIONS/DISCOURS

L'une des choses les plus frustrantes qui soit est de ne plus se souvenir des conversations ou des présentations. À quoi cela sert-il par exemple de participer à des formations si vous ne parvenez pas retenir l'essence de son contenu ? Comment rapporter des éléments intéressants d'une conversation si vous ne savez plus les points importants qu'elle comportait ? Avec la technique ci-dessous, non seulement vous serez capable de retenir les présentations et les conversations, mais en plus vous pourrez mémoriser de longues présentations ou discours sans aide extérieure.

LES TECHNIQUES POUR RETENIR LES CONVERSATIONS

Pour mémoriser une conversation, la première chose à savoir est que vous ne devez pas mémoriser mot à mot. Ne passez pas plus de temps sur les détails que nécessaire. La plupart du temps, les conversations s'articulent comme une histoire : on vous décrit un contexte, des personnes, un moment etc. Puis viennent les réactions, les actions, les décisions et enfin les conclusions.

Il est bien plus utile de mémoriser ce déroulement d'histoire dans son ensemble plutôt que les détails du début et puis plus rien ensuite. Lors d'une conversation, plus que dans toute autre application de votre mémoire, tous les conseils du chapitre sur la concentration (3-2) s'appliquent. Remettez-vous dans l'instant présent, et écoutez attentivement, puis utilisez la checklist ci-dessous :

>> QQOQCPC

Qui ? Quoi ? Où ? Quand ? Comment ? Pourquoi ? Combien ? Si après une conversation vous êtes capable de répondre à ces questions, alors votre taux de rétention de la mémorisation sera bien plus que suffisant. Afin de ne pas oublier, je vous conseille de **laisser passer 15 à 30 minutes** après la conversation pour effectuer un rappel mental en répondant à ces questions : Qui était concerné ? De quoi on parlait ? Où est-ce que l'histoire se passait ? Quand ? Que s'est-il passé ensuite ? Pourquoi ? Quels sont les chiffres importants ? (combien).

>> POSEZ DES QUESTIONS

Si des informations manquent lors de la conversation, je vous conseille fortement de poser les questions, pour avoir une meilleure compréhension de la conversation, mais aussi pour vous garantir une mémorisation plus effective. Vous mémorisez mieux lorsque vous êtes **acteur** de la conversation (en posant des questions) qu'en étant simplement « écoutant ».

>> SOYEZ ATTENTIF

Observez attentivement les conversations autour de vous et vous remarquerez de nombreux exemples dans lesquels l'interlocuteur est **tellement pressé de répondre qu'il n'écoute plus celui ou celle qui parle.** C'est dommageable, comme nous l'avons vu pour les noms et visages, quand la personne est plus concentrée sur ce qu'elle va répondre que sur ce qu'elle entend. Si vous voulez mémoriser des conversations de façon forte, réfrénez votre envie de parler et laissez votre interlocuteur terminer ses phrases.

>> REFORMULEZ

Une façon particulièrement puissante de mémoriser est de **reformuler ce que vous venez d'entendre.** De la même façon que pour les noms et visages, cette astuce augmente sensiblement votre taux de rétention, mais également de compréhension de l'information qui vous est transmise. De plus vous limitez les malentendus.

>> UTILISEZ LES ASSOCIATIONS EN CHAÎNE

Vous pouvez mémoriser chaque partie d'une présentation ou d'une conversation en les symbolisant par des associations mentales.

Exemple : au début, Manon m'a parlé de sa **fuite** dans son appartement, puis a enchaîné sur son **week-end du 24 au bord de la mer**, puis de sa **réunion** d'hier autour du **budget et des objectifs**, enfin elle m'a demandé de mettre de côté le **bouquin sur la photo**.

En gras dans le texte les points clés à mémoriser. Pour mémoriser ceci, je peux imaginer Manon en train de réparer son toit sous la pluie (la fuite), puis Jack Bauer arrive en maillot de bain et lunettes de soleil (24 pour Jack Bauer dans le Dominic System et tenue de plage pour la mer) à côté d'elle. Il installe une table et un tableau de présentation (réunion). Un banquier arrive avec un sac de pièces (budget), s'installe, puis vient un archer avec une cible (la cible pour symboliser les objectifs). Jack Bauer commence la réunion, sort un livre de son maillot de bain et pose un appareil photo dessus (livre sur la photo). Cette histoire peut vous paraître tirée par les cheveux. Elle l'est certainement, mais son rôle est de graver durablement dans votre mémoire les points-clés de la conversation. Il est temps de tester si cela marche !

Défi >>

Relisez cette histoire loufoque une fois attentivement, puis essayez de vous souvenir de la conversation de Manon.

Etes-vous arrivé au sans-faute ? La conversation comportait un nombre de points différents assez important...

Maintenant, voyez comment vous allez pouvoir utiliser votre mémoire pour délivrer des prestations orales hors du commun.

COMMENT MÉMORISER LES PRÉSENTATIONS, LES DISCOURS ET LES ORAUX

La plupart du temps, celles et ceux qui doivent parler en public s'aident d'une feuille de notes. L'exemple le plus frappant est celui des politiques qui prononcent des discours fleuves avec une liasse de papiers à la main, le nez plongé dedans tout en parlant à leur auditoire. C'est également le cas du manager qui est sans cesse obligé de retourner dans ses notes chaque fois qu'un collaborateur lui pose une question et de l'étudiant qui passe son temps à rechercher où il avait écrit telle ou telle information lors d'un oral.

Tous pourraient utiliser l'Art de la mémoire pour réaliser des prestations vraiment impressionnantes et mémorables pour leur auditoire.

Voici comment faire :

1- Listez les points-clés de votre intervention, ceux que vous devez retenir. Comptez-les.

2- Créez un voyage spécialement pour l'occasion avec un nombre d'étapes identique au nombre de points-clés.

3- Transformez vos points-clés en associations mentales sans oublier de les lier à vos points de passage (en les faisant interagir).

4- Répétez votre histoire mentale une première fois et comparez avec les points que vous souhaitez évoquer. Avez-vous créé des associations suffisamment mémorables ? Ajustez si ce n'est pas tout à fait le cas.

5- Pratiquez votre présentation en « condition du direct », c'est-à-dire en la faisant sans public, seul chez vous. Cela vous donne l'occasion de « découvrir » votre façon de présenter et de vous assurer que vous n'avez rien oublié. De plus, cela vous montre comment enchaîner les points à aborder entre eux sans mauvaise surprise. Il s'agit de la meilleure façon de mémoriser une présentation.

Avec cette technique, vous effectuerez des présentations orales ou des discours de manière naturelle, fluide et avec beaucoup de confiance. Vous déambulerez mentalement dans votre voyage en voyant à l'avance les points dont vous allez parler, et vous créerez une impression durable parmi votre auditoire car vous pourrez à tout moment accrocher leur regard, leur sourire, apparaître comme plus en confiance, plus authentique. Essayez cette technique juste une fois et vous l'adopterez à vie, j'en prends le pari !

Dans la même lignée, est-il possible de mémoriser les contenus entiers de films ou de livres ? C'est ce que vous découvrirez dans le prochain chapitre...

MÉMORISER L'INTÉGRALITÉ DES FILMS ET DES LIVRES

Il est possible d'enregistrer dans votre mémoire l'intégralité du contenu de films ou de livres. Pour cela vous avez besoin de la bonne technique et d'une bonne dose de temps disponible, car qui dit « intégralité » dit également « beaucoup de temps » à consacrer à cette tâche. Autant vous dire que vous devrez réserver cette technique à des ouvrages ou des films réellement importants dans votre vie. En contrepartie, une fois terminée, soyez assuré que l'efficacité de la mémorisation est impressionnante. Si vous avez un ouvrage de référence que vous utilisez au quotidien dans le travail, il peut être intéressant de le mémoriser avec les techniques ci-dessous.

LA TECHNIQUE DES MOTS-CLÉS

Pour mémoriser le contenu d'un livre ou d'un film, privilégiez avant tout les mots-clés : ces mots ou ces idées qui sont indispensables à la compréhension d'une phrase ou d'un concept. Plus vous souhaitez mémoriser en détail votre contenu, plus ils seront nombreux. Si vous mémorisez un film, ces mots-clés seront à piocher dans chaque scène du film en question. Si vous mémorisez le contenu d'un ouvrage, ils seront issus des chapitres et des paragraphes eux-mêmes.

Faites-en la liste et commencez à les associer à des images mentales. À la fin vous aurez effectivement une liste de mots-clés qui fera probablement plusieurs pages. Il vous reste maintenant à créer un palais de mémoire comportant suffisamment d'étapes pour y stocker l'intégralité de vos mots-clés.

>> POURQUOI UN PALAIS DE MÉMOIRE PLUTÔT QU'UN SEUL LONG VOYAGE ?

Le voyage est parfait pour mémoriser une séquence, mais il est plus difficile d'y naviguer mentalement pour retrouver la place d'une information. Avec le palais de mémoire, vous pouvez le structurer en pièces, parties, symbolisant un chapitre ou un ensemble de scènes importantes (s'il s'agit d'un film). Par exemple, vous pouvez regrouper l'intégralité du chapitre 10 dans une seule pièce de votre palais de mémoire. Lorsque vous rechercherez une information de ce chapitre-là, vous saurez immédiatement où vous diriger dans votre palais alors que si vous aviez stocké vos mots-clés dans un long voyage, il faudrait que vous repassiez mentalement les 9 chapitres précédents pour retrouver la même information !

LA TECHNIQUE « AVANT-SCÈNE »

Cette technique tire son nom d'une revue spécialisée de cinéma. La particularité d' « Avant-Scène » est que chacun des numéros traite d'un film en particulier, qu'il décrit plan par plan, scène par scène, avec les dialogues, les détails, le jeu des acteurs, l'habillement, le contexte etc. Tout est décrit dans le moindre détail. Si vous souhaitez mémoriser une œuvre cinématographique ou un ouvrage au mot près, c'est vers cette technique que vous devrez vous tourner. Elle est encore plus coûteuse en temps mais d'une efficacité encore supérieure à la technique des mots-clés.

>> POUR MÉMORISER UN FILM AVEC CETTE TECHNIQUE :

Procédez exactement au même exercice que la revue « Avant-scène » : décrivez chaque scène du film, avec le plus de détails possible, et reprenez les dialogues au mot près. Pour que la technique soit réellement efficace, vous devrez effectivement écrire et décrire avec vos mots ce que vous souhaitez mémoriser à long terme. En faisant cela vous sollicitez votre mémoire kinesthésique qui est la plus appropriée pour mémoriser durablement quelque chose au mot près. Ensuite, vous devrez vous relire et visionner dans votre esprit ce que vous avez écrit, puis je vous conseille également de solliciter votre mémoire auditive en vous enregistrant à haute voix. Ce dernier exercice peut vous sembler contraignant de prime abord, mais il vous fera gagner un temps précieux dans cette tâche de titan. Ensuite, tout n'est question que de rappels espacés. En l'occurrence, vu la somme de travail, vos rappels seront ==ciblés,== c'est-à-dire que vous ne procéderez pas à un rappel de l'ensemble de l'œuvre, ==mais d'une partie en particulier.==

>> POUR MÉMORISER UN LIVRE AVEC CETTE TECHNIQUE

La technique reste la même que pour les films sauf qu'il existe un niveau de difficulté suivant le type de livres que vous cherchez à mémoriser intégralement. Les voici, en ordre de difficulté croissante :

- Ouvrage ou ebook de développement personnel (confiance, motivation, citations, conseils)
- Manuels ou mode d'emploi (très technique, mais très bien structuré)
- Romans
- Encyclopédies ou codes de droit

> Certains mnémonistes utilisent cette technique pour mémoriser une autre catégorie de « livres » : les annuaires. Bien que cela soit très impressionnant dans le cadre d'un spectacle, c'est inutile dans la vie quotidienne.

Avant de vous lancer dans le défi de la mémorisation à grande échelle, essayez déjà la technique avec quelque chose de beaucoup plus petit pour vous faire la main.

Défi >>

Prenez un dossier spécial dans un magazine et tentez de le mémoriser en détail ou dans son intégralité en utilisant soit la technique des mots-clés, soit la technique Avant-Scène.

En conclusion, avant chaque mémorisation d'un contenu, évaluez bien vos besoins. Avez-vous vraiment besoin de tout mémoriser ? Prenez un peu de recul, réfléchissez à tête reposée. Bien souvent la réponse est non, et ==la technique des mots-clés sera suffisante==. Si vous n'avez aucune alternative, la technique Avant-scène se révélera la plus efficace.

Dans le chapitre suivant vous allez découvrir comment une simple technique va vous aider à mémoriser un nombre impressionnant de codes et de mots de passe dans un monde où on vous demande constamment de créer des comptes, avec de nouveaux mots de passes sécurisés etc.

MÉMORISER LES HORAIRES DE TRANSPORT EN COMMUN, SANS AVOIR BESOIN D'INTERNET

L'une des applications les plus utiles de votre mémoire est la capacité à mémoriser des horaires et de les stocker durablement, sans avoir besoin de consulter internet. Ce peut être particulièrement pratique si vous prenez toujours les mêmes transports en commun et qu'un jour vous avez un imprévu, ou si vous devez vous rendre à un rendez-vous important mais que votre train a du retard et vous ignorez si vous aurez une correspondance à temps. Avec cette technique, vous le saurez bien plus rapidement qu'en vérifiant les horaires en ligne.

COMMENT MÉMORISER LES HORAIRES

Avant de commencer, vous devez répondre à des questions importantes : sur quelle durée voulez-vous mémoriser les horaires ? Souhaitez-vous mémoriser les horaires complets sur la journée, ou seulement les week-ends et jours fériés ? Tous les arrêts ou seulement ceux qui vous intéressent ?

>> SI VOUS VOULEZ JUSTE MÉMORISER LES HORAIRES POUR LES ARRÊTS QUI VOUS INTÉRESSENT

Pour cet exemple, je vais prendre une ligne de bus, mais la technique pour une ligne de train serait exactement la même. Imaginez que l'arrêt choisi s'appelle « Square Violette ». Vous avez besoin de connaître les heures de passage du bus sur l'après-midi. Les voici :

14 h 04/14 h 19/14 h 34/14 h 49/15 h 04/15 h 19/15 h 34 etc.

Bien souvent, les horaires d'une ligne suivent un cycle qui se répète d'heure en heure. Vous n'avez donc pas besoin de mémoriser le chiffre des heures. Ici, vous avez un cycle : 04/19/34/49/ pour les minutes avant de recommencer. Il vous suffit de mémoriser ce cycle et vous aurez l'ensemble des horaires exacts de la semaine pour Square Violette !

Tout d'abord, commencez par associer « Square Violette » à une image mentale. Ce peut être par exemple tout simplement un parc rempli de violettes. Prenez bien le temps d'imaginer cette scène car elle vous servira à placer vos horaires. Vous pouvez également prendre directement comme scène l'endroit de l'arrêt de bus, cela fonctionne aussi. Maintenant, il vous reste à utiliser votre Dominic System : dans ce parc rempli de fleurs violettes, vous avez le personnage 04 (pour 14 h 04) Robin des bois, qui effectue l'action du personnage 19 (construit une maison en Lego) avec l'objet du personnage 34 (une tête de mort) devant le personnage 49 (Elvis Presley).

Prenez bien le temps d'associer les 4 éléments de cette histoire absurde.

Robin des bois construit une maison en Lego. Il place un crâne sur le toit et se fait aider par Elvis.

Vous avez ainsi mémorisé en deux minutes de façon durable l'ensemble du cycle horaire d'un arrêt donné. Plutôt facile non ? À vous de tester :

> **Défi >>**
>
> En utilisant votre Dominic System comme dans l'exemple précédent, mémorisez le cycle horaire de l'arrêt suivant : « Jean Moulin »
>
> 14 h 05/14 h 20/14 h 35/14 h 50 etc.

>> MÉMORISER LES HORAIRES DE TOUS LES ARRÊTS DE LA LIGNE

Pour mémoriser tous les horaires de la ligne, le principe reste le même. La technique est juste un peu plus longue à mettre en place car vous avez autant d'histoires absurdes à mémoriser que d'arrêts existants. Si votre ligne comporte 15 arrêts, il vous faudra donc 15 histoires absurdes associées à 15 images mentales symbolisant le nom des arrêts. Comme pour toute information complexe, si vous souhaitez les mémoriser à long terme, vous devrez utiliser les répétitions espacées.

>> LES TRAJETS DE RETOUR

Qu'en est-il si vous décidez de mémoriser les mêmes arrêts mais dans le sens retour ? La technique principale reste la même (utiliser votre Dominic System pour créer une histoire mémorable) mais vous allez devoir trouver un moyen de différencier vos histoires pour vous souvenir de celles qui concernent l'aller, et de celles qui représentent les horaires de retour. Une solution peut être d'utiliser un « sens de lecture ». Par exemple, votre histoire mémorable des horaires allers se trouvent à gauche du Square Violette tandis que les horaires retours se trouvent sur la droite du même parc. Si vous n'êtes pas à l'aise avec le positionnement de vos images, vous pouvez toujours utiliser un détail pour vous aider à différencier les deux histoires. Par exemple, l'ensemble de vos associations pour les horaires retours peuvent être en feu ou bien sous une pluie battante pour vous aider à ne pas confondre les deux histoires. Il n'existe pas de règle établie qui fonctionne mieux qu'une autre. Ce n'est qu'à l'usage que votre cerveau trouvera un moyen de ne pas confondre. Mettez-le juste sur la voie en l'aidant dès le départ !

> **Défi >>**
>
> Tout en gardant en tête les horaires allers du Square Violette, mémorisez également avec la même technique le cycle horaire pour les retours qui est le suivant : 12/27/42/57

>> ET LES WEEK-ENDS ET JOURS FÉRIÉS ?

Bien souvent, les horaires de transport en commun sont modifiés lors des week-ends et jours fériés. Ils sont allégés, mais la technique reste la même. Soit vous trouvez un moyen de différencier les histoires, soit vous trouvez un moyen de changer subtilement votre association pour l'arrêt lui-même, comme avec une condition climatique.

> **Exemple :**
>
> Votre parc de violettes sous l'orage comportera vos images pour les horaires des jours fériés et week-ends, alors que le parc sous un soleil rayonnant voudra dire des horaires normaux.

TRAINS, AVIONS ET SOUCOUPES VOLANTES...

Il n'existe pas forcément de « cycle d'horaire » à mémoriser en ce qui concerne les trains et les avions (ou même les soucoupes volantes !) Les heures changent car souvent ces voyages sont longs, et peut-être que vous devrez mémoriser une tranche de chiffres supplémentaire : celle des heures. Cela ne modifie pas l'esprit de la technique, mais ajoute un peu d'efforts en vous contraignant à créer une image de plus. Sachez cependant que ce n'est pas forcément nécessaire, car bien souvent vous pourrez retrouver mentalement les heures sans avoir à les mémoriser avec une technique. Juste les minutes suffiront dans la plupart des cas... sauf si vous souhaitez mémoriser tous les horaires du Transsibérien ou d'un New-York-Los Angeles bien sûr !

Pour terminer ce chapitre, je vous propose un plan d'entraînement pour entretenir et développer votre mémoire au quotidien, dans la vie de tous les jours, sans avoir à y passer des heures !

ENTRAINEZ VOTRE MÉMOIRE AU QUOTIDIEN : PROGRAMME D'ENTRAÎNEMENT

Vous souhaitez entretenir et développer votre mémoire pas à pas ? Cette dernière partie est idéale pour progresser rapidement dans votre quotidien ou pour exercer votre mémoire comme une hygiène de l'esprit. Ce programme est conçu sur quelques jours et vous fera tester toutes les parties de votre mémoire. Certains exercices doivent être faits quotidiennement pour qu'ils produisent des effets.

JOUR 1 : VOTRE PREMIER ET DERNIER SOUVENIR

Ce soir, avant d'aller vous coucher, faites l'effort de vous souvenir du premier souvenir que vous avez eu ce matin. Prenez un moment pour essayer de le faire revivre dans votre mémoire. Essayez de vous remémorer le maximum de détails pendant 5 minutes. Qu'avez-vous vu, entendu, remarqué, fait ? Même si vous vivez une routine, le but est de rendre conscient une partie de votre mémoire qui fonctionne habituellement en « autopilote ». Le matin suivant, faites le même exercice en essayant cette fois de vous rappeler de votre dernier souvenir de la veille avant l'exercice.

JOUR 2 : LA LISTE DE COURSES EXTENSIBLE

Aujourd'hui vous allez mémoriser 4 ingrédients d'une liste de courses que vous avez prévu d'acheter. Choisissez des ingrédients ou des objets dans votre quotidien. Si vous n'avez rien prévu d'acheter, ou si vous ne faites pas de courses, créez cette liste de toute pièce. Ce soir, vous allez tenter de vous remémorer ces 4 ingrédients. Si vous y arrivez, cochez 4 traits sur un papier, chaque trait symbolisant un ingrédient. Le lendemain matin, ==décidez d'ajouter un élément à votre liste== de 4, pour la porter à 5. Rappelez votre liste le soir-même. Si vous y arrivez sans erreur, cochez une autre barre et continuez chaque jour pour essayer d'aller le plus loin possible. Utilisez la technique des associations en chaîne pour vous faciliter la vie.

JOUR 3 : MÉMOFILM

Prenez une soirée pour regarder un film. À la fin de celui-ci, ==laissez passer une dizaine de minutes en vous détendant, sans repenser au film==. Puis, réactivez volontairement votre mémoire et essayez de vous remémorer le maximum de parties et de scènes. Cet effort conscient vous fera travailler votre mémoire d'une façon efficace. Je vous recommande de faire cet exercice en utilisant une carte mentale pour vous aider.

JOUR 4 : COMPTEZ DE 1 À 10 EN FINNOIS

Trouvez un moyen de mémoriser comment compter de 1 à 10 en finnois :

        1 – yksi

        2 – kaksi

        3 – kolme

        4 – neljä

        5 – viisi

        6 – kuusi

        7 – seitsemän

        8 – kahdeksan

        9 – yhdeksän

        10 – kymmenen

Pour cet exercice, ==ne faites travailler que votre mémoire auditive== et assurez-vous de prononcer correctement grâce à la phonétique. Le finnois n'est ici qu'à titre indicatif, vous pouvez prendre ==la langue de votre choix,== tant qu'elle constitue un challenge pour votre mémoire.

JOUR 5 : QUI M'A PEINT ?

Il y a quelques années, j'ai crée un cours sur les peintres et les tableaux sur Memrise.com, une plateforme pour apprendre par les techniques de mémorisation. Le but de ce cours était de mémoriser qui avait peint telle ou telle œuvre. Vous voyez une image de l'œuvre, avec le nom de l'artiste dessous, et vous essayez de la mémoriser. Il s'agit ici de faire travailler bien sûr votre mémoire visuelle. Vous pouvez accéder à ce cours ici :
http://www.memrise.com/course/36/history-of-modern-art-20-21st-century/

> Même si l'interface est en anglais, l'exercice est juste visuel. Votre but pour aujourd'hui est de **compléter le premier niveau.** Pour la petite histoire, à l'heure où j'écris ces lignes, ce cours est suivi par près de 50 000 personnes, et l'un des préférés des lecteurs du New-York Times ! Les plus joueurs essaieront de battre mon record personnel, mais vous ne pourrez pas le faire en un jour !

JOUR 6 : AMÉLIOREZ VOTRE VOCABULAIRE

Vous voulez avoir plus de vocabulaire ? Utilisez donc des mots que vous n'avez pas l'habitude d'employer ! Prenez un dictionnaire et parcourez-le jusqu'à obtenir un mot assez rare mais qui sonne bien à vos oreilles. Notez-le quelque part. Au cours de la journée, le but de l'exercice consiste à **l'utiliser le plus souvent possible dans votre quotidien,** soit en le replaçant dans des conversations, soit en cherchant des exemples, soit en questionnant des experts du domaine si c'est un mot très technique etc. En utilisant quelque chose de nouveau, vous vous assurerez une mémorisation beaucoup plus solide.

JOUR 7 : LES 5 CITATIONS

Une façon particulièrement efficace de faire travailler votre mémoire consiste à mémoriser des citations qui vous inspirent. Cet exercice est efficace, car vous devez mémoriser **au mot près.** Vous pouvez pour cela utiliser votre mémoire kinesthésique en réécrivant les citations de votre choix. Vous pouvez faire de cet exercice un exercice quotidien, mais cela n'est pas obligatoire. Si vous avez du mal à choisir par où commencer, je vous propose 5 de mes citations favorites :

« Rendez les choses aussi simples que possible, mais pas plus simples »
- Albert Einstein

« Absorbez ce qui est utile, jetez ce qui ne l'est pas, et ajoutez ce qui vous est propre »
- Bruce Lee

« Celui qui déplace une montagne commence par les petites pierres »
- Confucius

« Si vous voulez que la vie vous sourie, apportez-lui d'abord votre bonne humeur »
- Spinoza

« Il est une bonne chose de lire des livres de citations, car les citations, lorsqu'elles sont gravées dans la mémoire, donnent de bonnes pensées »
- Churchill

Avec ce programme de 7 jours, vous avez une bonne base pour exercer votre mémoire, même si vous sortez d'une longue période d'inactivité. Vous avez ainsi ==la garantie de solliciter vos 3 types de mémoire== (auditive, visuelle et kinesthésique) de manière efficace et ludique. Mais si vous voulez aller vraiment plus loin dans l'art de la mémoire et vous transformer en véritable génie, je vous recommande chaudement de vous lancer dans les défis de la partie suivante !

ÉPATEZ

LE MONDE AVEC VOTRE
MÉMOIRE

CHAPITRE 8
DÉFIEZ VOTRE MÉMOIRE

« Ils ne savaient pas que c'était impossible, alors ils l'ont fait »

Mark Twain

Vous avez à présent les ingrédients pour faire de votre mémoire ==un outil dont vous serez fier.== Dans ce chapitre, je vous propose d'aller encore plus loin. Je vous propose de repousser vos limites et de devenir un génie de la mémoire. À tel point que les plus grandes chaînes nationales vous inviteront. Vous pensez que c'est exagéré ? C'est pourtant ce qui m'est arrivé en 2016 avec l'émission « les Extraordinaires » sur TF1, qui présentait des candidats.... Aux capacités extraordinaires. Sauf que ==ma mémoire n'est pas plus extraordinaire que la vôtre== après que vous ayez terminé ce livre. Je vais vous révéler dans ce chapitre comment avoir une mémoire qui marque les esprits. Mais plus important, je vais vous montrer **pourquoi** vous devriez vous lancer de gros défis.

POURQUOI VOUS DEVEZ DÉFIER VOTRE MÉMOIRE

À quoi cela vous servirait-il de mémoriser des nombres binaires, des milliers de décimales de Pi ou des jeux de cartes ? La réponse est : ==la confiance.== C'est une chose d'utiliser du développement personnel ou la méthode Coué pour vous dire que vous êtes chaque jour de mieux en mieux et que vous avez confiance en vous. Mais montrer à votre cerveau que vous êtes ==effectivement== capable de réaliser des prouesses est bien plus puissant. Cela ne reste pas que de la théorie. Cela devient réel.

> Imaginez que vous soyez un gamin qui marche le long d'une plage. Il n'y a que vous sur cette plage. Vous ne savez pas trop à quoi vous attendre. Peut-être comme vous en lisant ce livre. Alors que vous marchez, vous trébuchez sur un bout de bois. En vous relevant, vous remarquez que le bout de bois ressemble fortement à une baguette magique. Ce serait trop beau pour être vrai. Et pourtant, en visant un rocher, un éclair jaillit de votre baguette et le transforme en gâteau au chocolat. Wow ! Comment est-ce possible ? Il s'agirait donc bien d'une baguette magique ?

C'est ==le même sentiment== qui vous animera lorsque vous vous rendrez compte que vous utilisez les techniques avec succès. Après ce sentiment, tout devient possible. Comme le gamin avec sa baguette magique, vous allez avoir envie de tout tester. Et ==les défis sont le moyen idéal de changer votre vie,== car la plupart de ces défis sont jugés impossibles ou « extraordinaires » par la plupart des gens. Vous allez découvrir que ce n'est pas le cas. Vous en trouverez même certains plutôt faciles. Le plus grand « boost » de confiance qui puisse

exister se trouve dans les pages qui suivent. Il ne vous
reste qu'à mettre en pratique.

Il n'y a pas vraiment d'ordre de difficulté pour les défis. Je vous recommande d'essayer ce qui vous attire le plus. Certains sont évidemment plus faciles selon que vous préférez les chiffres, les associations mentales ou les palais de mémoire.

MÉMORISER UN JEU DE 52 CARTES MÉLANGÉES

Cette épreuve est souvent considérée comme l'épreuve reine parmi les geeks champions de mémoire, car elle vous permet de mémoriser des informations qui se ressemblent sans faire d'erreurs ou confusions. Les suites de cartes allant de 1 à 10 puis les figures, et les 4 couleurs sont des informations qui n'évoquent pas grand-chose et qui sont faciles à confondre. Avec la technique que vous allez découvrir, vous n'aurez pas ces risques. Au passage, c'est par ce défi que j'ai découvert ma passion pour l'art de la mémoire. Peut-être que vous le relèverez aussi ?

LA TECHNIQUE EN 5 ÉTAPES

Votre première étape consiste à ==attribuer à chaque carte un personnage==. Ce peut-être une personne de votre famille ou entourage, une célébrité, un personnage de dessins animés ou de jeu vidéo, un sportif… peu importe tant que vous les choisissez vous-même. Rassurez-vous, nous allons procéder étape par étape, je vous guide du début à la fin.

>> ÉTAPE 1 :

Afin que cela soit plus facile, je vous recommande d'allouer à chaque suite (pique, cœur, carreau, trèfle) une ==catégorie== de personnages. Par exemple, tous ceux reliés à la famille ou aux amis proches pourraient se retrouver dans la suite de cœur. Les carreaux pourraient représenter les célébrités comme les sportifs, les acteurs de cinéma, etc. Les trèfles regrouperaient vos relations de travail, les simples connaissances, et les piques seraient des personnages de séries, de cartoons, mangas, dessins animés etc.

De cette façon, chaque fois que vous tirerez une carte cœur, vous saurez que vous devrez vous remémorer un membre de votre famille par exemple. Une fois que vous êtes au clair avec vos 4 catégories, il est temps de passer à l'étape 2.

Important : si vous maîtrisez votre Dominic System, vous pouvez également choisir des personnages issus de celui-ci pour vos catégories. C'est même recommandé. Exemple : les personnages de 01 à 13 représenteront les piques, les personnages de 21 à 33 représenteront les cœurs, de 41 à 53 les carreaux et de 61 à 73 les trèfles (ou : 00 à 12, 20 à 32 etc). Je reviendrai dessus un peu plus loin. Pour l'instant, contentez-vous de définir vos 4 catégories représentant les 4 suites de cartes.

>> ÉTAPE 2 :

C'est l'étape la plus longue car il s'agit d'allouer à chaque carte un personnage avec son action qui lui est propre et son objet, de la même façon que pour votre Dominic System (voir chapitre sur la mémorisation des chiffres). Vous pouvez d'ailleurs tout à fait réutiliser votre Dominic System dans cette étape pour gagner un temps énorme. Par exemple la suite 1-2-3-4-5-6-7-8-9-10-V-D-R de pique pourrait donc correspondre aux personnages 1 à 13 de votre système. Les personnages 21 à 33 pourraient correspondre à la suite 1-2-3-4-5-6-7-8-9-10-V-D-R de cœur etc. Une fois répartis vos 52 personnages du Dominic System, vous pouvez directement passer à l'étape 3. Si vous n'avez pas de Dominic System, lisez la suite.

Si vous n'avez pas de Dominic System : Prenez une feuille pour noter, vous en aurez besoin. Commencez par allouer les cartes plus faciles comme les rois, reines, valets et as. Qui serait le roi, la reine, le valet et l'as de cœur pour vous ? Si vous avez déjà décidé que les cœurs seraient vos amis et familles, vous devriez trouver rapidement. Quels seraient ensuite leurs actions et les objets qui les représenteraient le mieux ? Ces actions et objets doivent être uniques, aucun des autres personnages ne devraient avoir les mêmes. Lorsque vous aurez accompli ce travail pour les 4 suites, vous aurez déjà mémorisé 16 cartes facilement, soit presque le tiers de votre tâche. Il vous reste ensuite les chiffres de 2 à 10. Regardez votre liste. Qui avez-vous envie de faire figurer parmi les 36 restants ? Remplissez ceux-ci en priorité en leur donnant un numéro de façon arbitraire.

> **Exemple >>**
>
> Le valet de cœur, c'était mon frère, la dame de cœur ma mère, le roi de cœur mon père, l'as de cœur c'était moi. Ma petite amie sera le 10, parce que c'est le seul chiffre « en couple », le 2 sera ma sœur, le 3 mon chien, etc.

Lorsque vous aurez effectué ce travail, vous aurez environ 50 % de vos cartes allouées, si ce n'est plus. Pour compléter le reste, utilisez la grammaire des chiffres : le 2 renversé fait penser à un « N », choisissez un personnage commençant par « N » le 3 un M, le 4 un R, le 5 un S, le 6 un Ch, le 7 un T ou un D, le 8 un B, le 9 un G. Peu importe qui vous choisirez à la fin car avec le temps, vous changerez vos personnages. ==Même si vous n'aimez pas les choix par dépit,== le plus important est d'arriver à ce que chaque carte corresponde à un personnage/action/objet propre.

>> ÉTAPE 3 :

Mémorisez ces 52 personnages jusqu'à ce que vous les maîtrisiez ==sans faire d'erreurs.== Passez chaque carte en revue en essayant de vous remémorer le personnage en question. ==Prenez votre temps.== À ce stade, votre but n'est pas la vitesse, mais de bien retrouver quelle carte représente qui. Si vous butez sur une carte, remélangez le paquet, reprenez vos notes et recommencez. Lorsque vous effectuerez ==un sans-faute,== passez à l'étape 4.

>> ÉTAPE 4 :

Créez un ou plusieurs voyages de 18 étapes (voir chapitre sur les voyages). Je vous recommande d'en créer plusieurs. Passez en revue votre ou vos voyages de façon à ==maîtriser les 18 étapes.==

>>ÉTAPE 5 :

Il est temps de créer des histoires absurdes mais mémorables pour retenir l'ordre de vos cartes ! Votre jeu de cartes est mélangé ? Vos personnages sont maîtrisés ? Vos voyages aussi ? Bien ! Vous allez mémoriser les séquences de cartes 3 par 3. La première carte que vous tirerez représentera le personnage que vous devrez mémoriser. Ce personnage effectuera l'action unique de la 2ᵉ carte que vous tirerez. Cette action sera effectuée avec ou sur l'objet unique symbolisé par la 3ᵉ carte.

> Exemple :
>
> Imaginez la séquence suivante : 7 de trèfle / Roi de cœur / 4 de carreau. La première carte est le 7 de trèfle. J'ai choisi un collègue de travail du nom de Thierry. Le monde du travail qui représente les trèfles, et Thierry parce que c'est le 7 et que ce dernier ressemble à un T. Que fait donc mon collègue Thierry ? Il utilise l'action de mon roi de cœur. Le roi de cœur étant mon père (cœur pour la famille et roi pour le père), son action unique est de souder une grille de métal (il était prof de soudure). Donc Thierry est en train de souder avec l'objet de la troisième carte : celui du 4 de carreau. Les carreaux sont les célébrités, et le 4 ressemble à un R. Dans mon système le 4 de carreau est Rafael Nadal le tennisman, et son objet unique est une raquette de tennis. La séquence de 3 cartes est maintenant complète et cela me donne :
>
> « Thierry soude une raquette de tennis »

À présent, vous devez placer cette histoire au premier point de votre voyage de 18 étapes. N'oubliez pas que pour retenir l'ordre de la séquence vous devrez créer une interaction entre votre histoire et votre voyage. Par exemple, mon premier point de passage étant mon lit, j'imagine que Thierry est en train de souder la raquette directement sur mon lit. De cette façon, je suis certain de ne pas oublier l'endroit où se passe mon histoire mémorable. Il ne vous reste qu'à placer vos histoires mémorables 3 par 3 dans les étapes suivantes. La 18ᵉ et dernière étape de votre voyage ne comportera qu'une carte, mais cela n'est pas gênant pour votre mémorisation.

À vous de jouer !

NIVEAU EXPERT

Une fois que vous aurez réussi à mémoriser votre premier jeu de cartes, vous pourrez commencer à améliorer votre rapidité. Chronométrez-vous et essayez de battre vos propres records. C'est bon pour votre mémoire. Envie d'aller chercher les records mondiaux ? Dans ce cas, il faudra mémoriser votre jeu en moins de 19 secondes !

MÉMORISER PLUSIEURS JEUX DE CARTES

Pour essayer d'aller encore plus loin et tester vos limites, vous pouvez vous lancer le défi de mémoriser plusieurs jeux de cartes. Cet exercice est plus difficile, mais c'est également un excellent moyen de faire progresser votre maîtrise des systèmes de mémorisation.

> La technique est exactement la même sauf que vous devrez disposer chaque jeu de cartes que vous souhaitez mémoriser dans un voyage à part entière. Cette astuce vous évitera de confondre les cartes entre elles. N'oubliez pas qu'en mémorisant des jeux de cartes supplémentaires, vous risquez de tomber plusieurs fois sur les mêmes combinaisons, ou sur des associations mentales très proches pouvant créer des confusions au moment de vos rappels. Vous limitez ces risques en créant des voyages distincts.

MÉMORISER LES NOMBRES BINAIRES

Il s'agit probablement du défi le plus facile, idéal pour commencer à repousser vos limites. Les nombres binaires se présentent comme des suites de chiffres (0 et 1) : 010111110001010101110 1011 par exemple (12522869 en décimal). Ce défi est présent régulièrement dans les tours de mémoire impressionnants et également à la télévision. Lors de l'émission les Extraordinaires sur TF1, à laquelle j'ai participé en 2016, une candidate nommée Rachel avait mémorisé l'ordre de 50 mariés sur scène. Des mariées en robe, et des hommes en costume noir. Cette épreuve avait été baptisée : « l'épreuve des mariés ». Il s'agit également de nombres binaires. La technique que vous allez découvrir vous permettra de réaliser les mêmes prouesses, assez facilement.

LA TECHNIQUE EN 3 ÉTAPES

Contrairement à la mémorisation des chiffres à l'infini ou des milles premières décimales de PI (que vous découvrirez aussi dans un autre chapitre de cette partie) vous ne pouvez pas utiliser votre Dominic System de façon classique. Cela vous donnerait toujours les mêmes personnages en train d'effectuer toujours les mêmes actions. Il vous serait très difficile de mémoriser une série de cinquante 0 ou 1 sans erreur ou confusion. Voici ce que vous allez faire :

>> ÉTAPE 1 : MÉMORISER LES COMBINAISONS BINAIRES

Pour rendre les suites de 0 et de 1 plus mémorables, vous devez mémoriser les combinaisons de 3 chiffres. Ce n'est pas très difficile car vous n'en avez que 8 possibles. Les voici :

000 = **V**ide (que des **0** !)

111 = **R**empli (que des **1** !)

100 = **G**auche (le **1** est à gauche)

001 = **D**roite (le **1** est à droite)

010 = **C**entre (le **1** est au centre)

101 = **E**xtérieur (les **1** sont sur les côtés)

110 = **P**lus (110 plus grand que 011)

011 = **M**oins (011 moins grand que 110)

Comme vous pouvez le voir, j'ai donné à chaque combinaison un nom qui est aussi un moyen mnémotechnique pour la mémoriser plus vite. Vous pouvez également remarquer que chaque combinaison commence par une lettre unique : V, R, G, D, C, E, P, M.

>> ÉTAPE 2 : CRÉER DES ASSOCIATIONS MENTALES AVEC LES COMBINAISONS

À présent, vous êtes en mesure de créer des associations mentales à partir de ces lettres symbolisant les combinaisons.

Exemple : imaginez que vous ayez la suite de chiffres binaires suivante : 010100111011

Lorsque vous la découpez en 3, cela vous donne : 010 100 111 011. Et traduite en lettres mnémotechniques, cela vous donne : C, G, R, M. Il vous faut maintenant créer des mots à partir de ces lettres. Votre cerveau peut remplir les vides par des voyelles ou des sons phonétiques. Avec ces combinaisons, vous pouvez former les mots « CaGe » et « RaMe ». Lorsque vous liez les deux, vous pouvez associer en une seule image mentale : une CaGe remplie de RaMe. Vous n'êtes pas obligé de former des mots avec deux syllabes. Vous pouvez en prendre 3 (CouGaR) ou même 4 ou bien encore une phrase.

Attention à ne choisir des mots avec un nombre de syllabes n'excédant pas votre nombre de lettres à transformer. Pour reprendre l'exemple, le mot « cigale », même s'il comporte C et G pour vous rappeler les 2 combinaisons à mémoriser, il comporte également un «L» qui lui n'y est pas!

>> ÉTAPE 3 : PLACEZ VOS ASSOCIATIONS MENTALES DANS UN VOYAGE

Pour mémoriser l'ordre d'une suite de chiffres binaires, il ne vous reste qu'à créer un voyage avec un nombre d'étapes correspondant. Par exemple, Rachel, qui a mémorisé l'ordre de 50 mariés dans l'émission «Les Extraordinaires», n'a eu besoin que de 17 lieux pour mémoriser les 50 chiffres binaires. Peut-être même moins.

Si vous arrivez à créer des mots avec 3 lettres/syllabes, vous pouvez mémoriser 9 chiffres binaires par étape de votre voyage, ce qui revient à seulement 6 étapes de voyage pour caser les 50 chiffres binaires! Enfin, sachez que si vous arrivez à créer des mots de 4 syllabes, vous pourriez mémoriser 12 chiffres binaires par lieu, ce qui peut sembler plus intéressant encore, mais cela se ferait au prix de gros efforts et vous auriez quand même besoin de plus de 4 étapes dans votre voyage!

DÉFI!

Essayez de mémoriser la suite de chiffres binaires ci-dessous en prenant comme étapes de voyage uniquement la pièce dans laquelle vous vous trouvez.

11001001110111111000101010110011010110111 0000001

Si vous y arrivez alors vous aurez accompli la même performance que Rachel sur scène! Vous vous rendrez compte alors que le plus difficile n'est pas d'appliquer la technique, mais bien de le faire en conditions de tournage, avec le stress et le public d'une émission à portée nationale!

MÉMORISER LES 1.000 PREMIÈRES DÉCIMALES DE PI

Pi est un chiffre mythique dans le monde de la mémoire. Rapport de la circonférence d'un cercle à son diamètre, il commence par 3,14159 et se poursuit à l'infini car c'est un nombre irrationnel. Il est donc parfait pour s'exercer aux méthodes de mémorisation des nombres ! Comme il ne varie pas, il est assez facile d'en mémoriser beaucoup, si vous avez du temps devant vous. Beaucoup s'essaient à cet exercice en utilisant toutes sortes de techniques : des poèmes avec des mots comportant le même nombre de décimales que les chiffres, ou bien en apprenant le nombre par cœur en ajoutant une décimale par jour à leurs répétitions, ou encore en transformant les chiffres en chanson. Dans les meilleurs cas, avec ces techniques, vous pourrez en mémoriser une ou deux centaines. Mais à présent, vous avez toutes les armes en main pour en mémoriser plus de 1.000... Et assez facilement.

Si vous avez besoin de maîtriser encore un peu votre Dominic System, sachez qu'il s'agit du meilleur exercice possible ! D'ailleurs, c'est là son principal intérêt.

LA TECHNIQUE

Imaginez un palais de mémoire gigantesque. Dans chaque pièce de ce palais se déroule une scène mémorable dont les principaux acteurs sont les personnages de votre Dominic System. Pi commence par : 3,141592653589793238. Il ne vous reste plus qu'à découper cette série deux par deux en suivant la logique : personnage, puis action, puis objet, de la même façon que d'habitude. La première scène pourrait donc être :

Schwarzenegger (14) fait tournoyer un lasso (15) pour attraper la canne du Dr House (92).

La deuxième scène serait :

Hulk Hogan (65) forge une épée (35) à grands coups de seringues (89)
Et ainsi de suite.

J'ai une bonne et une mauvaise nouvelle :

La bonne nouvelle est qu'une fois que vous avez fait l'effort de créer une association mentale entre ce type de scène et le point de passage de votre palais de mémoire, il ne vous reste qu'à effectuer les rappels espacés. Vous n'avez pas énormément d'efforts cognitifs à faire pour avancer dans ce défi. Il peut donc aller très vite.

La mauvaise nouvelle est que même avec un nombre incroyable de combinaisons différentes, vous tomberez quand même sur des scènes identiques ! Il vous faudra donc faire attention à bien trouver un moyen de les différencier avec vos points de passage, sinon c'est la confusion assurée.

QUELQUES CHIFFRES À SAVOIR AVANT DE SE LANCER

- Votre palais de mémoire devra comporter 167 étapes minimum pour stocker les 1.000 premières décimales de pi.
- Restituer oralement 1.000 décimales de pi (en soirée par exemple ou à la télévision !) vous prendra plus de 16 minutes au rythme d'une par seconde, ce qui peut vite devenir lassant (mais ça fait passer le temps).
- Le détenteur du record du monde de décimales mémorisées, le Japonais Akira Haraguchi, est arrivé à mémoriser 100.000 décimales.
- Pour battre ce record du monde, il vous faudrait un palais de mémoire comportant 16.667 étapes.
- Si vous mettez 2 minutes à créer et mémoriser une scène comportant 6 chiffres de pi, il vous faudrait à peine une demi-heure pour arriver au même niveau que ceux qui s'entraînent en utilisant les techniques de poèmes et d'apprentissage par cœur !
- Un étudiant a mémorisé plus de 2.200 décimales à la suite de la lecture de ce livre. Il a arrêté non pas parce qu'il était parvenu aux limites de sa mémoire, mais parce que cela lui prenait trop de temps.

Si vous vous lancez ce défi, je serai ravi de suivre vos progrès et vos records !

MÉMORISER LES CALENDRIERS : RETROUVER LE JOUR À PARTIR DE N'IMPORTE QUELLE DATE

« Je suis né le 15 juillet 1978, c'était un samedi. »

Voici un défi particulièrement spectaculaire à relever : à partir de n'importe quelle date, vous allez pouvoir retrouver le jour de la semaine précis. Ce défi est un niveau au-dessus des autres car il vous demande de résoudre une petite formule. Rien de très compliqué, mais il faut se concentrer un peu plus. Le jeu en vaut largement la chandelle !

LA TECHNIQUE DES CODES

Pour retrouver le jour de n'importe quelle date depuis 1753, vous devez additionner trois codes entre 0 et 6 que vous allez déchiffrer et additionner :

Le code du siècle + le code de l'année + le code du mois de la date que vous recherchez.

Imaginez que vous tentez de rechercher de mémoire le code de la date suivante :

26 mai 1986

>> RETROUVER LE CODE DU SIÈCLE

Chaque siècle possède un code qui lui est propre.

XVIIIe siècle (entre 1753 et 1799) : 4

XIXe siècle (entre 1800 et 1899) : 2

XXe siècle (entre 1900 et 1999) : 0

XXIe siècle (entre 2000 et 2099) : 6

Ne cherchez pas à déterminer comment sont calculés ces chiffres, cela n'est pas important et ne vous aidera pas. Apprenez-les simplement et soyez simplement averti que la plupart du temps, on vous demandera une date comprise entre 1900 et le xxie siècle, donc soit 0, soit 6.

Vous pouvez également remarquer qu'avec ce défi, vous pouvez également mémoriser une date du futur, ce qui peut se révéler très pratique pour savoir les jours d'un événement lointain !

Reprenons notre exemple :

26 mai 1986 : il s'agit d'une date du xxe siècle, le code est tout simplement 0. Si vous aviez dû chercher une date de 2006 par exemple, vous auriez pris le code 6, car 2006 est au xxie siècle.

>> RETROUVER LE CODE DE L'ANNÉE

C'est à cette étape que la magie va fonctionner. Il s'agit de l'étape la plus exigeante, mais la plus belle à réaliser. Chaque année comprise dans un siècle possède un code entre 0 et 6 qui lui est propre. De la même manière que pour les siècles, ne cherchez pas à décrypter le calcul, car cela ne vous aidera pas.

Code 0 :

Années : 00/06/17/23/28/34/45/51/56/62/73/79/84/90

L'année 1956 par exemple posséderait le code 0, tout comme 1990, 1923 ou 1900 etc.

Code 1 :

Années : 01/07/12/18/29/35/40/46/57/63/68/74/85/91/96

Code 2 :

Années : 02/13/19/24/30/41/47/52/58/69/75/80/**86**/97

Vous pouvez remarquer que l'année 1986 figure dans cette liste et possède donc le code « 2 » !

Code 3 :

Années : 03/08/14/25/31/36/42/53/59/64/70/81/87/92/98

Code 4 :

Années : 09/15/20/26/37/43/48/54/65/71/76/82/93/99

Code 5 :

Années : 04/10/21/27/32/38/49/55/60/66/77/83/88/94

Code 6 :

Années : 05/11/16/22/33/39/44/50/61/67/72/78/89/95

Chaque code regroupe ainsi 15 ou 16 années différentes. C'est ce que vous devrez mémoriser à l'avance. Et rassurez-vous, ce n'est pas aussi difficile que cela en a l'air ! Voici la technique.

>> UNE GRANDE FÊTE CHEZ VOUS

Pour mémoriser toutes ces années, imaginez que vous organisiez une grande fête chez vous (ou dans un endroit que vous connaisiez particulièrement bien). Vous avez invité 100 personnes à cette fête. Ce sont les 100 personnes de votre Dominic System, cela tombe bien, non ?

Vos invités sont répartis dans 7 pièces différentes et discutent, s'amusent et font connaissance. Ces 7 pièces représentent les codes de 0 à 6. Vous pouvez prendre un voyage par exemple :

Pièce 0 (symbolisant le code 0) : le jardin

Pièce 1 (symbolisant le code 1) : la chambre

Pièce 2 (symbolisant le code 2) : le salon

Pièce 3 : la cuisine

Pièce 4 : la salle de bain

Pièce 5 : la chambre d'amis

Pièce 6 : le garage

> Dans ces pièces, vous disposez ainsi les 15 ou 16 invités contenus. Par exemple, dans le jardin (pièce 0), vous imaginerez les personnages : 00/06/17/23/28/34/45/51/56/62/73/79/84/90 conformément au code de l'année évoqué précédemment.

Il est bien sûr beaucoup plus facile de mémoriser les 100 années et leur code en utilisant votre Dominic System et un voyage de 7 étapes (0 à 6) que de devoir apprendre par cœur tout cela !

> Prenez le temps de bien faire interagir chaque personnage entre eux pour bien placer les 15 ou 16 invités

dans la même pièce, sans en oublier. Une fois que vous pensez être au point (cela peut prendre quelques heures ou quelques jours selon votre temps et vos efforts consentis), vous devrez être capable de retrouver la pièce de votre personnage en à peine une seconde.

Où se trouve le personnage (année) 86 ? Dans le salon (pièce 2) ! L'année 86 a donc le code 2.

La meilleure façon de vous tester lorsque vous cherchez à mémoriser vos 100 personnages et de prendre pièce par pièce et de revisiter les scènes créées par votre imagination. De cette façon vous verrez sur quels personnages mettre vos efforts et quelles images consolider.

>> RETROUVER LE CODE DU MOIS

Vous avez déjà fait le plus gros en mémorisant vos 100 invités dans vos 7 pièces ! Maintenant tout sera plus facile. Courage, vous y êtes presque ! Un petit récapitulatif de notre date exemple :

26 mai 1986 : 0 (code siècle) + 2 (code de l'année).

Il vous reste à découvrir le code du mois et à l'additionner à ce total.

Chaque mois de l'année est un code précis. Pour vous aider à le mémoriser, je vous donne une petite astuce pour chaque mois :

Janvier : **1** (janvier est le **premier** mois de l'année).

Février : **4** (Tous les 4 ans, le mois de février comporte 29 jours).

Mars : **4** : (le chiffre 4 ressemble à un voilier. J'imagine un voilier rempli de barres chocolatées « Mars »).

Avril : **0** : (Avril est le mois des poissons d'avril. J'imagine la bouche du poisson ouverte en forme de 0).

Mai : **2** (le son « Mai » me fait penser à Mêêêêêh que ferait **deux** moutons en me regardant).

Juin : **5** (le chiffre 5 me rappelle la forme d'un serpent. « Juin » me fait penser à « joint ». J'imagine un serpent fumer un joint).

Juillet : **0** (Le mois de l'été avec le soleil qui ressemble à un 0, haut dans le ciel).

Août : **3** (en août il fait chaud, et il n'est pas rare de voir des paires de fesses (le 3 y ressemble un peu) à l'air.

Septembre : **6** (le 6 ressemble au tourbillon que ferait une feuille d'arbre avant de tomber à l'automne).

Octobre : **1** (Le 1 ressemble à un drapeau, et « Octobre me fait penser » à un vieux film : « Octobre rouge », j'imagine simplement un drapeau rouge).

Novembre : **4** (Le 4 ressemble à un voilier. Et c'est en novembre qu'a lieu la course de voiliers du Vendée globe).

Décembre : **6** (dernier mois de l'année, donc dernier chiffre).

Avec de petites mnémotechniques de la sorte, vous mémoriserez très vite les codes des mois. En ce qui concerne notre exemple, le mois de mai est le code 2 (Mêêêêêêh x 2 !).

>> LE CODE DU JOUR

Un petit récapitulatif pour le 26 mai 1986 :

> 0 (code siècle) + 2 (code année) + 2 (code mois). Il ne reste qu'à déchiffrer le code du jour et à additionner le tout.

Un petit peu de calcul pour ce code final !

Prenez tout d'abord **le jour** que vous recherchez : dans l'exemple, on recherche le 26 du mois.

> À ce chiffre, **enlevez autant de fois 7 que possible, sans tomber en dessous de 0.** À 26 (jour que je recherche) je peux enlever 3 fois 7 seulement (21). Si je le faisais 4 fois, je tomberai en-dessous de 0. Je soustrais 21 (3 x 7) du chiffre que je recherche, et je trouve ainsi le code du jour qui me manque :
>
> 26 - 21 = 5

Le code du 26 mai est donc le 5.

Si j'avais voulu rechercher le 31 du mois, j'aurai pu enlever 4 fois 7 et il serait resté **3**. Si j'avais recherché le 14 du mois, j'aurai pu enlever 2 fois 7 et j'aurai un reste de **0**.

> Le chiffre que vous obtenez à la fin, **lorsque vous ne pouvez plus retrancher de 7** est le code de votre jour.

>> ÉTAPE FINALE

Vous avez maintenant tous les éléments pour déchiffrer votre code final :

0 (code siècle) + 2 (code année) + 2 (code mois) + 5 (code jour) = 9.

Votre chiffre final doit être compris entre 0 et 6, comme tous les codes que vous avez calculés jusqu'à présent. Ici vous obtenez un total de 9. Pour ramener ce total au code final, vous devez encore soustraire autant de fois 7 que possible jusqu'à arriver à un chiffre entre 0 et 6.

À 9, je ne peux enlever qu'une fois 7, et il reste 2. **Cette fois ce 2 est le chiffre final.**

Comment le traduire en jour ?

En vous basant sur la grille ci-dessous, et en faisant commencer vos semaines les dimanches au lieu des lundis !

> Dimanche : 1
>
> Lundi : 2
>
> Mardi : 3
>
> Mercredi : 4
>
> Jeudi : 5
>
> Vendredi : 6
>
> Samedi : 0 (les codes ne vont jamais au-delà de 6 !)
>
> Le 26 mai 1986 était donc un **lundi** !

Note importante : si vous recherchez une date comprise entre le 1er janvier et le 29 février d'une année bissextile (tous les 4 ans), il vous faudra retrancher 1 de votre résultat final !

Ce défi peut vous sembler intimidant, avec beaucoup d'étapes à connaître, mais en réalité, tout se passe extrêmement vite dans votre tête. Les codes se retrouvent quasi-instantanément, il n'y aura que le calcul du jour et à retrancher vos 7 qui vous prendront un peu de temps. La méthode est longue à écrire, mais le processus interne est rapide. Les mnémonistes les plus aguerris sont capables de retrouver de mémoire n'importe quel jour de n'importe quelle date en quelque secondes seulement.

> Je ne doute pas que vous y arriverez également plus facilement que vous le pensez. Pourquoi ne pas essayer par votre propre date de naissance pour voir ?

MÉMORISER TOUS LES DRAPEAUX DU MONDE

Voici un défi qui n'est pas le plus difficile et qui peut en plus augmenter considérablement votre culture générale. Mémoriser tous les drapeaux du monde vous donnera sûrement l'envie d'enchaîner sur les capitales, les fleuves, et bien d'autres informations. Cela tombe bien, la technique est assez simple d'utilisation.

COMMENT MÉMORISER UN DRAPEAU EN 3 ÉTAPES

Oubliez ici votre Dominic System et les palais de mémoire, une simple association imagée entre chaque drapeau et chaque pays suffit. La clé pour réussir ce défi se trouve dans la qualité de vos associations bien sûr, mais également dans votre rigueur à employer les répétitions espacées de la courbe de l'oubli. Plus que tout autre défi, la régularité de vos répétitions jouera un rôle prépondérant dans votre mémorisation à long terme, car pour beaucoup de ces drapeaux, il s'agit de formes abstraites difficiles à retenir.

>> ÉTAPE 1 : LISTEZ VOS DRAPEAUX

Afin de n'oublier aucun drapeau, vous pouvez vous référer à une page Wikipédia ou un atlas. Vous pouvez procéder par ordre alphabétique, mais je vous recommande de découper des zones comme les continents pour que l'exercice soit un peu moins rébarbatif, et pour que vous puissiez déjà commencer à mémoriser l'emplacement des pays eux-mêmes.

À vous de décider également si vous mémorisez la liste des pays ou si vous voulez aller plus loin en mémorisant tous les drapeaux (sigles, organisations, etc.) du monde qui sont au nombre de plusieurs centaines.

>> ÉTAPE 2 : MÉMORISEZ LES DRAPEAUX

Pour chaque drapeau que vous ne connaissez pas, vous allez devoir créer un moyen mnémotechnique qui relie l'image du drapeau et le nom du pays. Bien souvent, vous aurez besoin d'un peu d'imagination.

Voici quelques exemples :

République dominicaine

Il ressemble beaucoup à un logo de la chaîne de pizzas « Domino's Pizza ». Commençant par les mêmes syllabes (Domin'), la clé d'accès mémorielle est idéale. Chaque fois que vous verrez ce drapeau, il vous rappellera « Domino's Pizza », et ce nom vous rappellera le nom du pays : République dominicaine.

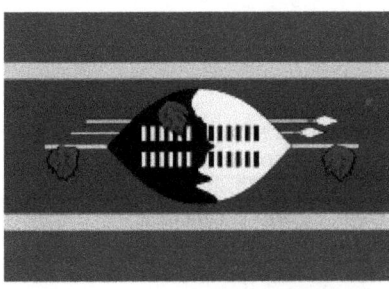

Swaziland

Il s'agit peut-être du drapeau qui a le plus de « Swag » parmi tous les drapeaux ! « Swag » qui commence comme « Swaziland ». Swag est une expression qui était à la mode chez les ados pour désigner quelque chose de tendance. Je n'utilise pas moi-même cette expression, mais ici elle me sert pour mémoriser ce drapeau particulièrement original !

Gambie

Lorsque rien ne vient, c'est souvent Wikipédia qui a la clé. Ici, la bande bleue symbolise la rivière qui traverse la Gambie. Lorsque vous regardez ce pays sur une carte, vous vous rendez effectivement compte que la Gambie est un « pays rivière ». Cette clé d'accès peut suffire : je traverse la rivière avec mes gambettes !

Honduras

Certains drapeaux sont difficiles à retenir parce qu'il ressemble à beaucoup d'autres. C'est le cas ici avec le Honduras qui ressemble à pratiquement tous les drapeaux des autres pays de l'Amérique centrale ! Pour le retenir, regardez les étoiles qui forment le H de Honduras !

République centrafricaine

Ce drapeau ressemble à une grande rue qui traverse un centre-ville gigantesque. Le mot « centre-ville » suffit à vous rappeler que le mot « centre » se trouve dans le pays. Votre mémoire fera le reste en vous rappelant le bon pays si vous utilisez les rappels espacés avec application.

>> ÉTAPE 3 : LES RAPPELS ESPACÉS

Ne passez pas trop de temps à trouver l'association mentale ou la mnémotechnique parfaite par peur de ne plus vous souvenir de votre drapeau. Bien souvent, un simple indice mémoriel suffit et votre mémoire fera le reste du travail. La seule façon de voir si cela fonctionne est de soumettre vos associations au test des répétitions espacées : est-ce que vous vous souvenez encore du drapeau quelques heures après ? Et le lendemain ? Et le surlendemain ?

Si oui alors bravo ! Si certaines images sont confuses plusieurs fois de suite, alors vous pouvez envisager de passer plus de temps dessus, mais pour ce défi, allez au plus rapide pour commencer. Lâchez-vous et soyez spontané !

Si vous avez du mal à trouver des associations pour tous les drapeaux, sachez que je tiens à votre disposition gratuitement un fichier numérique avec toutes mes mnémotechniques. Il vous suffit de m'écrire à postmaster@potiondevie.fr

Bonne chance pour votre défi !

COMMENT ÊTRE INVINCIBLE AU *TRIVIAL PURSUIT*

Autant vous le dire d'emblée, si vous êtes déjà bon à ce jeu légendaire, alors vous allez vous faire des ennemis avec ce défi. Plus personne ne voudra jouer avec vous. Voilà, vous êtes prévenu. En revanche si vous êtes régulièrement humilié par tante Clara ou le « cerveau de la famille », alors l'heure de la revanche a sonné !

COMMENT FAIRE POUR GAGNER SYSTÉMATIQUEMENT ?

Il vous suffit de mémoriser toutes les questions et toutes les réponses.

La tâche paraît pharaonique.

Cela représente 1.500 questions réparties en 6 catégories, soit 250 questions par catégorie. Si vous mémorisiez 10 questions et 10 réponses par jour, cela vous prendrait 150 jours, soit 5 mois. Il vous faudrait moins d'un mois pour maîtriser complètement une catégorie au même rythme.

Si vous décidiez de mémoriser 20 questions et 20 réponses par jour, il ne vous faudrait plus que 75 jours. Enfin, si vous êtes vraiment déterminé et que vous passiez à un rythme de mémorisation très intense, à 50 questions réponses par jour, il vous faudrait un mois seulement.

>> LA MÉTHODE

Il s'agit de la même que celle pour apprendre du vocabulaire d'une langue étrangère :

1- Lisez la question et repérez les mots-clés que vous allez mémoriser. Ceux qui symbolisent le mieux la question.

2- Associez ce(s) mot(s) clé(s) à une association mentale qui vous permettra de vous souvenir de la question.

3- Lisez la réponse et trouvez les mots-clés qui la symbolisent.

4- Créez une association mentale reliant les mots-clés de la question, et les mots-clés de la réponse, comme pour créer une histoire tordue.

Exemple :

Question : Quel est le plus grand fleuve du monde ?

Réponse : le Nil.

Les mots clés sont « grand fleuve ». Le premier fleuve qui me vient à l'esprit, c'est la Loire, je passais beaucoup de temps au bord quand j'étais gamin. C'est une association très bonne pour me souvenir que cette question est à propos des fleuves. La réponse est le Nil. Et le Nil, ça me rappelle *Obélix* qui aide les bateaux remplis de pierres à avancer plus vite sur le fleuve dans *Astérix et Cléopâtre* ! Il me reste à associer les deux pour créer une association mentale forte :

Obélix aide des bateaux remplis de pierres à traverser la Loire !

De cette façon, lorsque l'on me posera la question : « quel est le plus grand fleuve du monde ? », dans mon esprit, je me téléporterai instantanément sur les bords de Loire, et que s'y passe-t-il ? Je vois Obélix chez Cléopâtre, ce qui me rappellera le seul fleuve égyptien que je connaisse ! Vos associations mémorielles seront sans doute différentes des miennes. C'est bien le but, et rien ne sera aussi puissant que vos propres références et vos propres créations mnémoniques !

Exemple 2 :

Question : En quelle année a eu lieu la bataille de Waterloo ?

Réponse : en 1815.

Le mot clé de la question est « Waterloo ». Ce qui me fait penser à water-polo (ne me demandez pas pourquoi, c'est juste ainsi ! ça se ressemble). Le mot clé de la réponse est 1815 qui en Dominic System se traduit par 18-15 soit : « Sherlock Holmes fait tournoyer un lasso » (personnage 18, action numéro 15).

Ensemble, cela donne : une équipe jouait tranquillement au water-polo, quand Sherlock Holmes a débarqué en essayant de capturer un joueur avec un lasso !

Question : qui a reçu l'oscar de la meilleure actrice en 1953 pour son rôle dans *Vacances romaines* ?

Réponse : Audrey Hepburn.

Le seul mot-clé nécessaire pour mémoriser cette question est «vacances romaines». Vous n'avez pas besoin du reste. Savoir que le film est de 1953 n'est pas utile pour cette question, ni l'oscar. Votre mémorisation sera activée par le titre du film lui-même. Vacances romaines, ça me rappelle mes propres vacances à Rome, avec une petite visite au Colisée. Rien ne vaut les souvenirs personnels pour mémoriser des questions/réponses !

Audrey Hepburn, je ne la connais pas, mais je dois trouver un moyen de mémoriser son nom. C'est une actrice. Dans Hepburn, il y a «burn» et en anglais cela veut dire «brûler». Audrey me rappelle Audrey Tautou. Je peux donc imaginer Audrey Tautou en train de brûler au sommet du Colisée ? Peut-être, c'est une piste. Seules les répétitions espacées me permettront de voir si je me souviens de tout.

Un dernier pour la route :

Question : Qui a écrit : «*J'irai cracher sur vos tombes*»?

Réponse : Boris Vian.

Le mot-clé est le titre du livre. Vous pouvez tout à fait imaginer la scène se passant dans un cimetière que vous connaissez. Boris Vian, cela me fait penser à une bouteille d'Evian. Pourquoi ne pas imaginer cracher sur une tombe remplie de bouteilles d'Evian pour mémoriser cette question/réponse ?

Encore une fois, seules les répétitions espacées vous permettront de savoir si vous avez choisi les bonnes associations. Ma seule recommandation, si vous voulez vous lancer dans ce défi, est de ne pas passer trop de temps sur chaque question. Prenez ce qui vient, l'important est de tester, puis de passer à la question suivante. N'oubliez pas les répétitions espacées (comme toujours) et tout se passera très bien. Vous serez champion de Trivial Pursuit bientôt.

MÉMOIRE ET JEUX TÉLÉVISÉS

Les plus beaux défis sont ceux que vous vous fixez **par passion**. Beaucoup de mes élèves se découvrent tout à coup l'âme d'un « mnémoniste en série » et se décident à devenir des encyclopédies vivantes dans un domaine précis, d'autres veulent devenir champion de France de mémoire, et d'autres encore veulent participer et faire de bonnes prestations à des jeux télévisés. C'est de ces derniers dont je voudrai vous parler pour conclure ce chapitre.

LES CHAMPIONS UTILISENT-ILS DES TECHNIQUES ?

Lorsque TF1 m'a approché pour l'émission « les Extraordinaires » du 22 janvier 2016, le principe était de relever un défi de mémoire ayant pour but de démontrer les pouvoirs de la mémoire humaine. Même si l'émission présentait des Français aux « capacités extraordinaires », vous savez maintenant que ma mémoire n'a rien de particulier et qu'en étant discipliné, n'importe qui d'autre aurait pu prendre ma place. Vous avez découvert au cours de ce livre que les techniques vous permettaient de mémoriser n'importe quel type d'information. Dans mon émission, c'était des empreintes digitales, mais dans d'autres émissions, ce sont des quiz de culture générale comme « Qui veut gagner des millions », « Tout le monde veut prendre sa place », « Question pour un champion », « Money Drop », etc.

Ces émissions ont toutes pour objet de tester les candidats sur des questions de culture générale. Souvent, leurs champions connaissent énormément de choses sur beaucoup de domaines différents. Chez certains, il semble que ce soit inné. Mais pour d'autres, je vous garantis qu'ils utilisent des techniques de mémorisation !

Comment puis-je être aussi affirmatif ?

La direction du regard. Lorsque vous recherchez dans votre mémoire en utilisant les techniques comme celles de ce livre, votre regard ne cherche pas au même « endroit » dans votre cerveau. Vous regardez beaucoup plus en l'air ou sur les côtés. Lorsque vous ne savez pas, ou que votre esprit vous fait mal, vous avez tendance à baisser la tête et à vous frotter le haut du nez comme si vous étiez fatigué !

COMMENT SE PRÉPARER AU MIEUX POUR GAGNER UN JEU TÉLÉVISÉ ?

La question qui découle naturellement de ce constat est : « mais alors comment font-ils ? ».

Les champions créent des liens entre chaque chose qu'ils souhaitent garder à long terme. Ils vont raccrocher toutes leurs associations mentales entre elles pour tisser une véritable toile de la connaissance.

Ils savent que la Roumanie a pour capitale Bucarest et que Bucarest a presque 2 millions d'habitants, ce qui leur rappelle que Phnom Penh a également à peu près le même nombre d'habitants, et que c'est la capitale du Cambodge. D'ailleurs le drapeau du Cambodge est remarquable parce que dessus est symbolisé le temple d'Angkor Vat, et cela tombe bien parce qu'Angkor s'écrit avec un K car c'était la civilisation Khmer. On a beaucoup parlé de Khmers rouges. C'était des communistes radicaux dans les années 50 à 70. C'était également l'époque où... etc.

> Toutes leurs connaissances, toutes leurs associations mentales se retrouvent et sont utilisées et réutilisées, ce qui renforce encore un peu plus leur mémorisation à très long terme. Très souvent ils se mettent à dire : « ah oui cela me rappelle... Comme dans... Un peu comme... ». Cette façon de créer des liens entre tous les domaines de la connaissance est ce qui fait un champion.

>> Pour vos entraîner à créer ces liens, apprenez chaque jour de nouvelles choses, et lors de vos rappels espacés, forcez-vous à continuer la chaîne de vos associations de la même façon que mon exemple précédent avec la capitale de la Roumanie. De cette façon vous développerez une mémoire encyclopédique impressionnante.

> Une petite astuce si vous souhaitez participer à des concours télévisés français : mémorisez l'histoire, la culture et les personnalités de Paris en priorité. Vous n'imaginez pas le nombre de questions sur ces sujets posées à des candidats venant de province...

>> Si vous ne savez pas par où commencer pour commencer à créer votre toile de la connaissance, pourquoi ne pas commencer par le défi du Trivial Pursuit ?

ÉPI-LOGUE

« Une tête sans mémoire est une place sans garnison »

Napoléon Bonaparte

LE MONDE VOUS ATTEND (ET BONUS)

Votre voyage au cœur de l'Art de la mémoire version moderne arrive à une étape importante. Vous avez à présent tous les outils pour faire de votre mémoire un véritable allié dans votre vie. Grâce à elle, vous allez devenir plus intelligent, plus fiable, plus confiant, plus intéressant, bref, plus mémorable !

J'aimerai profiter de ces quelques lignes pour vous donner ==mes derniers conseils, et mes derniers bonus.==

Tout d'abord, pour récupérer ==vos bonus du livre et profiter de vos autres cadeaux==, rendez-vous à l'adresse suivante :

www.potiondevie.fr/bonuslivre

Vous pourrez ainsi télécharger les fichiers qui se révéleront bien pratiques dans vos apprentissages et pour entretenir votre mémoire. Vous y trouverez également ==des cadeaux surprises, qui n'y étaient pas prévus à la base, mais que vous apprécierez.==

En parcourant ce livre, vous avez découvert de nombreuses techniques et de nouvelles façons d'apprendre. La meilleure façon de faire progresser votre mémoire est de les mettre tout de suite en pratique, pour ne pas les oublier.

Voici votre test final, celui qui vous permettra de passer définitivement dans la catégorie des mnémonistes. Sans technique, il est impossible pour un être humain de réaliser cet exercice final. Mais pour vous, ce devrait être accessible. À vos marques, prêt...

EXERCICE FINAL :

Prenez une liste de 100 éléments de votre choix. Ce peut être des films, des présidents, des noms de planètes, des départements, des villes, des objets, des mots, bref, n'importe quel type de données.

> Mémorisez ces 100 éléments de telle sorte que vous soyez capable de réciter la liste dans l'ordre et à l'envers.

Si vous arrivez à passer ce dernier test avec succès, écrivez et envoyez-moi une photo pour m'illustrer vos prouesses, je vous mettrai à l'honneur dans le « hall of fame » de Potiondevie.fr !

> J'ai écrit ce livre avec une vision : celle de redonner le goût à l'apprentissage à un maximum de personnes. Je souhaiterai que l'éducation revoie ses modèles d'enseignement, entre dans l'âge de la connaissance plutôt que de rester dans « l'âge du charbon » avec une méthodologie qui date des premières mines. Je souhaite que les gens reprennent confiance en leur mémoire, en leurs capacités, et aient envie de réaliser ce qui leur tient à cœur mais qui n'osent pas parce que « pour réussir là-dedans, il faut en avoir dans le cerveau ». Pour en être la preuve vivante, je peux vous dire que votre mémoire est extraordinaire, et si mon livre peut vous aider à mémoriser ne serait-ce qu'une information décisive, alors je serai heureux.

N'oubliez pas de vous amuser tout au long de votre voyage mémoriel en créant vos associations mentales, vos palais de mémoire, voyages, et autres codes chiffrés. Si vous arrivez à transformer votre apprentissage en jeu ou en défi que vous êtes en mesure de relever facilement ne serait-ce qu'un peu, alors vous aurez gagné.

> À vous de jouer, le monde vous attend.

REMERCIEMENTS

Un livre comme celui-ci ne se réalise pas seul. C'est le travail d'un an, alors que je pensais que cela ne prendrait que quelques mois. Il y a une équipe derrière ce projet et j'ai envie dans ces quelques lignes de leur rendre hommage, car sans eux, il n'aurait pas vu le jour. C'est une aventure humaine qui s'achève avec un peu de tristesse. Demain, je n'écrirai pas de chapitre, ils sont tous prêts.

Je souhaiterai remercier en premier lieu ma communauté sur Potiondevie, les «alchimistes» qui m'ont encouragé, aidé à créer le meilleur des contenus avec une pédagogie qui marche et qui étonne. Je suis persuadé que grâce à eux, ce livre aidera des dizaines de milliers de lecteurs (et pourquoi pas des millions??).

Raphael, passionné par la mémoire et correcteur de chaque chapitre de ce livre. Si mes tournures de phrases ne vous piquent pas les yeux, c'est en grande partie grâce à lui. Une réactivité et une gentillesse exceptionnelles. Je l'ai toujours remercié pour chaque chapitre corrigé car c'était un travail de titan.

Un remerciement tout particulier à Idriss Aberkane, conférencier et chercheur génial, passionné de mémoire et de tout ce qui touche au cerveau, et qui m'a également encouragé dans mon travail. Il s'agit de l'homme le plus stimulant intellectuellement que je connaisse.

Fanny, grâce à qui le livre est agréable à lire et beau, Julien qui m'aide à le rentre attractif, Hugues qui m'aide à le faire connaître et qui croit en mon travail. L'équipe de Thebookedition qui m'a rendu possible l'auto-édition de mon premier livre, qui m'a conseillé et dont le soutien me touche.

Merci à Alice et Jason, Solenne et Nico, Viollon.

Mais également mes amis, ma maman, mon entourage, et ceux qui me soutiennent au quotidien. Ils sont trop nombreux pour être nommés !

Et pour terminer un remerciement de coeur à Elisa, la femme de ma vie, qui fait de moi un homme meilleur.

RÉFÉRENCES

BIBLIOGRAPHIE

L'art de la Mémoire, Frances A. Yates, Gallimard, 1987.

Tout sur la mémoire, Tony Buzan, Eyrolles, 2010.

Aventures au cœur de la mémoire, Joshua Foer, Robert Laffont, 2012.

How to develop a perfect memory, Dominic O'Brien, 1993.

Libérez votre cerveau, Idriss Aberkane, Robert Laffont, 2016.

Memory Pack, Andy Bell, 2000.

Memory: a contribution to experimental psychology, Hermann Ebbinghaus, Columbia University, 1885.

Rhétorique à Herennius, Quintilien (traduction G. Achard), Les Belles Lettres, 1989.

The seven sins of Memory: how the mind forgets and remember, SCHACTER (Daniel L.), Boston, Houghton Mifflin Company, 2002.

The memory book, Harry Lorayne, Ballantine Books, 1996.

Cahier des charges de la Vie mode d'emploi, George Perec, Zulma, 1993.

Napoléon joue de la cornemuse dans un bus, Jean-Yves Ponce, Potiondevie, 2012.

REVUES

Cerveau & Psycho et notamment le numéro Hors-série :
« Dans le dédale des mémoires ».

ROOZENDAAL (Benno), *Stress and memory : opposing effects of glucocorticoids on memory consolidation and memory retrieval*, (Neurobiology of learning and memory, volume 28 n°3), Elsevier, p 578-595, 2002.

REBER (Paul), What is the memory capacity of the human brain, Scientific American

FILMS

Memento, Christopher Nolan, 2000.

Memories, Roland Suso Richter, 2004.

Mr Nobody, Jaco Dormael, 2010.

À DÉCOUVRIR ÉGALEMENT

DÉCOUVREZ LES AUTRES BEST-SELLER DE JEAN-YVES PONCE :

Plus d'informations :
http://amzn.to/2c3D8dv

Plus d'informations :
http://amzn.to/2ckZUQa

À DÉCOUVRIR ÉGALEMENT

Plus d'informations :
http://bit.ly/2cpvnzu

Pour découvrir la première version du livre, publiée en 2012 :
http://bit.ly/2bQmfTa

Boostez votre mémoire

Mémorisez l'impossible en vous amusant©

Jean-Yves Ponce

Mise en page : Fanny Bisiaux

Couverture : cabaroc.com

Typographie : PT Serif et PT

Éditions : Potion de Vie

Date d'impression : octobre 2016

Dépôt légal : Copyright France 2016

Certificat de dépôt : 6N9Y1G9

ISBN : 978-2-9547496-8-6

Toute reproduction complète ou partielle
de cet ouvrage est interdite.

www.ingramcontent.com/pod-product-compliance
Lightning Source LLC
Chambersburg PA
CBHW070633160426
43194CB00009B/1453